中国旅游发展年度报告书系

Annual Development Report of China's Tourism

中国旅行服务业发展报告2022

——直面需求的产品力

CHINA TRAVEL SERVICE INDUSTRY
DEVELOPMENT REPORT
2022

中国旅游研究院 编著

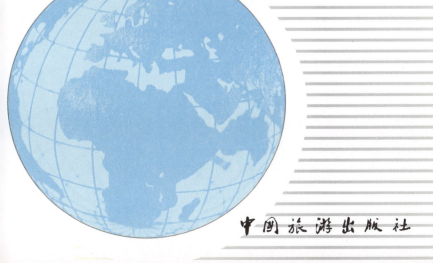

中国旅游出版社

序

一鲸落　万物生

习近平总书记指出，要坚持用全面、辩证、长远的眼光分析当前经济形势，努力在危机中育新机、于变局中开新局。[①] 这是我们分析研判中秋节、国庆节假日旅游市场数据，总结归纳 2022 年元旦以来全年七个节假日的旅游市场动态，总体把握 2020 年春节假日以来疫情影响下的我国旅游经济发展的指导思想。

一、中秋和国庆节假日旅游市场安全、平稳、有序，尽管需求和供给两侧都较为谨慎，但是近程旅游、都市休闲和文化参与依然活跃，"家国天下中国红"成为假日旅游主基调

喜迎二十大、家国情怀深，红色旅游成为国庆节假期最亮的风景。2022 年 9 月 30 日上午，习近平总书记出席烈士纪念日向人民英雄敬献花篮仪式，极大激发了人民爱党爱国的热情。当天晚上，21.8 万名市民和游客涌入天安门广场等候观看国庆节升旗仪式，更多市民和游客到烈士陵园、纪念馆和红色旅游景区祭奠缅怀。国家大剧院原创民族歌剧《山海情》唱响脱贫史诗，北京展览馆"奋进新时代"主题成就展，上海市历史博物馆"光明摇篮精神之源——迎二十大上海红色文物史料展"，"薪火传承"红色坊巷闽台研学活动，宁波老外滩红歌音乐会和红色露天电影等活动吸引了成千上万的市民和游客到访。感悟红色文化、厚植家国情怀成为中秋和国庆节文化休闲和旅游市场的主旋律，红色旅游成为国庆节假期最亮的风景。

受多地散发疫情、大学生入学、中小学生收假和天气等因素影响，处于暑期和国庆节假期中间的中秋节加周末的三天假期，因为旅游消费需求的"前收

---

① 引自国务院国资委新闻中心，2020-05-25.

1

后移"而显得相对平静。据文化和旅游部官网消息，中秋节三天假期，全国国内旅游出游人数 7340.9 万人次，同比下降 16.7%，按可比口径恢复至疫情前同期的 72.6%。实现国内旅游收入 286.8 亿元，同比下降 22.8%，恢复至疫情前同期的 60.6%。国庆节假期七天，旅游市场主要指标进一步回落，全国国内旅游出游人数 4.22 亿人次，同比减少 18.2%，按可比口径恢复至疫前同期的 60.7%。实现国内旅游收入 2872.1 亿元，同比减少 26.2%，恢复至疫前同期的 44.2%。

相比核心指标的当期数据，我们更加关注出游距离、目的地停留时间、旅行方式和消费结构等微观数据及其变化。中秋节假期的游客平均出游半径 117.4 公里，同比下降 5.0%；游客目的地平均游憩半径 7.8 公里，同比下降 20.6%。国庆节假期的游客平均出游半径 118.7 公里，同比下降 16.0%；游客在目的地的平均游憩半径 9.6 公里，同比下降 26.5%。文化和旅游部数据中心监测显示，国庆节假日期间选择跨省游和省内跨市游的游客比例分别下降了 14.4 个和 9.5 个百分点。前往城郊公园、城市周边乡村、城市公园的游客占比居于前三位，分别达 23.8%、22.6% 和 16.8%。受疫情散发和谨慎心理影响，新疆、青海、宁夏、四川、陕西、贵州、安徽、广西、湖南等中远程旅游目的地游客接待量同比降幅明显。相对而言，广东、江苏、山东、河南、四川、湖南、湖北、河北、浙江、安徽等传统客源地和人口大省，有本地游客和内生消费的支撑，游客接待量居前。

2022 年可能是过去三年受疫情影响最深、旅游市场景气最弱的一年，2022 年的国庆节假期也是过去十年旅游出游 / 接待人数最低的一年。面对前所未有的压力和挑战，越来越多的业者认识到：旅游业经济属性强、市场化程度高，面对前所未有的挑战，躺平不可取，躺赢不可能。只有锚定旅游新需求、培育产业新动能，才能以产品研发、业态创新和系统化改革推动旅游韧性复苏和可持续发展。

二、团队落、散客升，这么少、那么多。红色旅游、非遗体验、研学旅行和社群经济的新需求，正在以细水涓滴而非大水漫灌的方式，推动市场主体的创新和新业态的发育

团队生来就是旅游，然而团队从来都不是旅游的全部。进入大众旅游全面发展新阶段以后，散客旅游者和自助旅行者更是旅游市场的基本盘，也是市场主体创业创新的核心支撑。与团队旅游者相比，散客和自助旅行者更加强调安全、品质和个性化，他们不是不需要旅行服务，而是需求的形式发生了根本性

的变化。那些无视变化或者跟不上变化的市场主体，就像《骆驼祥子》里骆驼祥子的黄包车、《神鞭》中傻二的神鞭，无论多么努力和辉煌，终是不敌汽车和枪弹一样，被市场淘汰是必然的事情。

相信很多人和我一样，看到去哪儿网发布的《2022 年暑期小众目的地高星酒店预订增幅 top10》，可能要对着地图查找这些地级市到底在哪儿：鹤岗、汉中、克拉玛依、保亭、海东、延安、辽阳、荆门、文昌、伊春。还有春节机票增幅位居前十位的城市也是出乎很多人的预料：荔波、凯里、鸡西、乌兰察布、九寨沟、澳门、乌海、五大连池、佳木斯、宜宾。这与年轻人的"反向旅游"或者"躺平旅游""摆烂旅游"有关，他们不再跟团走传统的旅游线路，也不再跟着所谓的意见领袖（KOL）去那些热门的旅游城市或者景区打卡，甚至不屑于做攻略，而是找一个性价比超值的四、五线小城市或是冷门的目的地，随心所欲地待上几天。文化和旅游部数据中心监测显示：多达 83.5% 的游客会主动错峰出游，选择新兴目的地和景区游玩。按照传统的旅游理论，很难解释他们的旅游行为，也很难将他们纳入传统旅游业者的视野。好在是旅游者定义旅游业，而不是相反。传统的理论解释不了，自有新的理论出来解释，传统的业者服务不了，自有创业创新者入场。

社群经济、亲子旅游和家庭旅游的兴起，让基于情感、社交和价值观的再团队化成为可能。文化和旅游部数据中心专项调查显示，2022 年国庆节假日期间以亲近自然为动机的游客为 13.5%，由 2021 年的第一位下降为第四位。而以亲子研学、家庭休闲和文化体验为动机的游客跃居前三，分别占比 33.1%、30.0% 和 16.7%。北京环球影城度假区开业一年来，无论是当日购票的一次入园游客，还是持漫游卡的多次入园者，家庭游、亲子游、社群化的比重都在增长。每逢节假日或周末，垂钓、摄影、木作、街舞、电竞、看星、观鸟，还有越野车、哈雷摩托车、马拉松、慢跑，以及同学、战友、工友，都可能成为包括旅游在内的社群经济的基础。无论是入园旅游者还是本地休闲者，都会在旅行居停的某个环节或者场景有团体活动的需求，并为新时代的再团队化提供现实的可能。

需要指出的是，社群和家庭的定制旅游并不是传统旅行团的简单回归。前者是需求方决定的，后者是旅行商主导的；前者以场景体验为指向，后者以地标打卡为卖点；前者以情感和旨趣结社，后者以产品和价格而成群。我们也注意到，随着"驴友"队伍的规模化和出游的高频化，自然就会产生"驴头"这样灰色地带的职业。对这类现象如何规范和促进，更多是行政主体的事情。作为市场主体，需要的不是抱怨别人抢了自己的地盘，而是如何以新的商业模式去满足新的市场需求。

三、远程落、近程升，这么近、那么美。高频次的本地休闲有力支撑了客源地在现代旅游经济体系的主导地位，有效促进了乡村旅游、文化休闲和轻奢度假旅游目的地的发育成长

多年以来，人们习惯从目的地视角思考旅游，政府和企业谈论旅游，也多是在谈论旅游目的地。过去三年的近程旅游和本地休闲的兴起，让我们不得不将关注的重点从目的地拉回到客源地，越来越多的投资机构和旅游运营商形成共识：在城乡居民平均出游距离 100 公里的今天，在越来越多的人选择在国庆节假期 2~3 次一日游，而不是拼个十天半个月的假期满世界转一圈的今天，得客源地者得天下，赢口碑者赢市场。

相对于远程、低频的观光旅游目的地，近程、高频的休闲客源地更有可能成为产品迭代和业态创新，也为市场复苏和产业振兴提供稳定的市场基础。经济增长从来都是以分工和专业化为前提的，而分工和专业化又受市场广狭的限制，这是亚当·斯密在《国富论》的经典阐释，更是马克思在《资本论》论述的扩大再生产和价值实现的必要条件。一个人口不过百人的自然村落只需要一个流动的理发匠，而在北京、上海、广州这样千万级人口的大都市，则会容纳专门的发型设计、修剪眉毛、美化指甲的职业。旅游经济也不例外，与每年访客量达到千万级而常住人口仅为十万人的旅游目的地相比，本地常住人口达到百万级的大城市、千万级大都市和亿级的都市圈，其 54 个周末的近程出游、365 天 8 小时之外的本地休闲所形成的内生性市场容量，完全不在一个量级上。国庆节假日期间，北京、上海、广州、深圳等一线城市的旅游接待人数虽然同比下降，但是旅游收入还有所增长，甚至出现远郊区县的品质民宿一房难求的现象，正是因为它们庞大的内生需求。

过去二十年，无论是旅游住宿领域的七天、如家、汉庭等经济型酒店，还是旅行服务领域的携程、去哪儿、马蜂窝、驴妈妈，包括长隆、银基、海昌海洋公园，旅游领域中每一次创业创新都伴随着企业家对市场范围的再定义。说实话，我不太理解为什么有人一定要坚持用团队、观光和包价的传统旅行社思维来定义游客和旅游市场，并一再质疑一日游、探亲访友和商务旅行者为什么要统计为游客？难道商务旅行者购买旅行社的服务、探亲访友者住酒店、一日游的市民去迪士尼和环球影城不用付费吗？一定要把旅游者定义得纯而又纯，把现代旅游业的市场基础削得薄而又薄，真的好吗？市场不相信眼泪，创新也

是强者的游戏，衷心希望更多的旅游投资机构和市场主体能够在近程旅游和本地休闲市场中发现新机遇，创造新模式。

我们注意到越来越多有创新意识的市场主体开始成为本地休闲旅游者的供应商，如春秋旅行社的"春野秋梦"连锁露营地，携程助力乡村振兴和共同富裕的农庄计划和高增长的海外业务，同程旅行着眼本地消费和中近程市场并小幅拉升了第二季度住宿业务收入，景域驴妈妈的帐篷客度假酒店落户黄山，包括澳门的永利、新濠、美高梅也面向本地居民推出了一日游和特价住宿产品，都让我们看到传统旅游业者危机中寻新机、变局中开新局的能力。我们也注意到一些服务本地居民生活的互联网平台开始成为旅游休闲市场的新势力，如高德、百度、腾讯等数字地图商，滴滴、神州、首汽等网约车平台，美团、哈啰等共享单车都在提供目的地小交通服务的同时，不同程度地介入商家推介和消费场景关联。B站、抖音、小红书等新媒体，以及众多自带流量的垂直媒体和自媒体，早已经成为旅游生态的有机组成部分。我们更注意到休闲空间和旅游业态的聚合重生。南京旅游集团介入后的聚宝山郊野公园，从传统的市民公园转型为包括马术、卡拉车、电竞、无动力乐园在内的时尚生活聚集区。良业科技打造的北京亮马河风情水岸和配套的朝阳咖啡节，在为公司培育了面向 C 端的水上夜游产品线的同时，也为北京作为世界旅游城市构建了面向当代生活的亮丽风景线。

对于投资机构和运营商而言，本地休闲和近程旅游意味着更低的客单价和更高的消费频次，也意味着不得不面临着本地生活供应商和数字化分销平台的同场竞争。更多的市场主体既服务于本地居民的衣食住行，也服务于外来游客的居停游乐，同时具有旅游、文化、科技、商业等生产和生活服务业的多重属性，也就是我们常说的传统产业边界的消失与新业态的重构过程。事实上，除了对擅长于分类监管、分级认证的主管机关可能带来一时的困惑外，这种业态的融合与重构并不是件坏事。很多时候，监督机构和市场主体需要的都是制作一件新衣服，而不是对不合时宜的旧衣服进行缝缝补补。

四、风景落，场景升，这么软、那么强。文化、艺术、教育、科技已经成为内容创造的新主体，也是场景营造的新动能，推动旅游业从传统作业方式走向现代产业生态体系

在需求演化和供给创新的共同作用下，以山水林草湖沙和历史文化遗产为代表的传统景区虽然还是大众旅游者的基本指向，但是吸引力、影响力和消费比重趋于减弱。与此同时，融入城乡生活场景的文化场馆和休闲空间成为广大游客流连忘返之地，孕育着新时代旅游业创新发展的无限可能。

旅游者不仅定义旅游业，也在定义城市和乡村的每一处旅游空间。游客来或者不来，历史文化名城和传统村落都在那里；游客来了，城市就成了旅游城市，传统村落就成了重点旅游乡村。2012 年 9 月，由住房和城乡建设部、文化部、国家文物局、财政部联合组织相关领域专家评审并发布了《第一批中国传统村落名录》。甘肃兰州西固区河口村，明清时期曾经是黄河上游的重要渡口，水运发达，商贾云集。今天的河口古镇早已经弱化了"渡口"职能，中心区的"四街十七巷"和周边西北民居风格的"三堂五厦三倒座，外带耳房两小间"，以及柴火鸡、纸包鱼、油壶喧、洋芋搅团等特色美食，让乡村旅游者尽享美好慢生活。

科技创新和现代制造业不仅为当代旅游业注入了全新动能，也直接介入产品研发和场景营造过程，并重新塑造旅游市场竞争和产业发展的大格局。郑州银基国际旅游度假区在国庆节假日期间，融科普、科技和文化娱乐为一体的动物王国、冰雪酒店、冰雪世界、御温泉、摩天轮和云岩湖露营六大项目同时开业，赢得了家庭旅游市场的广泛认可。力拓科技秉承"从数据中来，到实体中去"的数字化原则，在节日前发布了"大理包"数字农文旅产业互联网平台，让乡村旅游产业生态体系迈出了从概念到实践的坚实一步。事实上，目的地视角下的乡村旅游和客源地视角下的农民旅游，是科技应用、场景营造和商业模式创新的蓝海，广阔天地，大有作为。更多的市场主体如环球、迪士尼、长隆、华住、亚朵、广之旅，正在将数字化策略应用到市场调查、产品研发、渠道管理和会员服务等企业管理的实践环节中。

大众文化、公共艺术与旅游业的融合并没有因为疫情而停滞，而是呈加速发展的趋势，游客和市场主体的获得感得到了进一步提升。随着人民群众文化素质的提升、公共文化供给的丰富，以及互联网的普及和社交媒体的兴起，志趣相投的年轻人相约看展，并在社交媒体上分享自己的看展经验，以"看展式社交"推动了社群经济从概念走向现实。据国家文物局统计，2021 年全国备案博物馆 6183 家，举办展览 3.6 万个，教育活动 32.3 万场，接待观众人数 7.79 亿人次。[①]文化和旅游数据中心专项调查数据显示，假日期间参与文化活动的游

---

① 王珏.博物馆文化得到广泛传播［N］.人民日报，2022-09-11（5）.

客占比 93.1%，同比提高 2.2 个百分点。无论是本地休闲，还是异地旅游，观众都不再只是展陈内容的接受者，而是不同程度地参与到文化内容再生产、再推广和再消费过程中，让旅游生态演化有了更多的可能性。文博事业的繁荣发展，也为凯撒、广之旅、学知苑等旅行服务商的研学旅行、定制旅游、IP 孵化、数字旅游等业态创新提供了应用场景和现实可能。

艺术属于人民，非遗重归生活。艺术创作和演出团体深度介入旅游经济体系，在丰富优秀文艺作品和优质旅游产品供给的同时，也极大拓展了旅游投资和业态创新的现实空间。江苏全省已经建成小剧场 1156 个，总座席数约 25 万个。苏州的江南小剧场、南京的国民小剧场与传统的评弹场馆和现代的沉浸式演出空间共同打造了深厚的公共文化和现代艺术氛围，生动诠释了"从戏剧场到菜市场，重新发现旅行的美好"和主客共享美好生活新空间的当代旅游发展理念，为游客提供了"白天观景、晚上看戏"的全天候旅游体验。济南建设"曲山艺海"大码头，吸引德云社、开心麻花驻场演出，重点培育十余家非遗曲艺书场，为市民和游客带去轻松愉悦的文化享受。四季文旅的四季艺术汇秉承"艺术属于人民"的理念，通过免费展陈的方式让更多的公共空间成为主客共享的都市会客厅。

习近平总书记指出，当今世界正经历百年未有之大变局，但时与势在我们一边，这是我们定力和底气所在，也是我们的决心和信心所在。[①] 一鲸落，万物生。无论有没有疫情，旅游的传统格局总是要被新生力量打破的，万物创生的新世界、竞相自由的新生态正在孕育中。这个新世界和新生态正像毛泽东同志在《星星之火，可以燎原》所预言的那样：它是站在海岸遥望海中已经看见桅杆尖头了的一只航船，它是立于高山之巅远看东方已见光芒四射喷薄欲出的一轮朝日，它是躁动于母腹中的快要成熟了的一个婴儿。

中国旅游研究院院长

---

① 引自新华网，2021–11–02.

引子：旅游者定义旅游业，而不是相反

从旅游还是小众群体的奢侈行为、旅游产品也只有旅行社提供的线路产品，到旅游已成为大众群体的生活方式、旅游与休闲的边界被打破、短则2小时的城市微旅游到长达十多天的线路体验，旅游产品的进化走过了不一般的波澜历程。这个历程中伴随着传统旅行社的失落与转型、伴随着OTA的崛起和自由行标品的迅速在线化、伴随着跨界进入者的不按常理出牌，日益多元化的主体力量相互交织，演绎出当下旅行服务业的格局。

跟团游、坐大巴、住酒店、逛景区的城乡居民是旅游者，但是自助、自驾、自由行、住民宿、当日往返的城乡居民也是旅游者；旅游业没有天然的嫡系部队和主力军，谁能够满足旅游者的需要，谁能够推动旅游业高质量发展，谁就是旅游业的嫡系部队和主力军。旅游者在哪里，旅游业就应当跟到哪里，传统业者不去满足，自然就会有创业创新者去满足。

无论行业格局如何演变、疫情如何催化、宏观周期如何影响，把行业与游客关联在一起的永远是产品（服务）。当互联网冲击了依靠信息不对称而盈利的商业模式所存在的根基，当机、酒、景等曾经稀缺的资源供给大量增加，当游客有了越来越多可长可短、可丰可俭的选择，旅行服务商真正到了比拼产品的阶段，游客用脚投票的时代已然到来。那些在疫情下仍然能够获得市场认可、甚至实现逆势增长的企业无不是以更快、更好、更准确的产品语言转换了游客或显性或隐性的需求。他们在满足了游客需求的同时，也在通过自身的探索寻找行业转型的方向，也在市场的认可中为行业带来希望。

当新消费的浪潮波及越来越多的行业，那些已被零售业重塑了消费习惯和消费行为的人群对旅游产品也提出了更高的要求，倒逼了旅游业的进步与创新。从"以货为中心"的商业理念到"以人为中心"的商业模式的转变，旅游产品和旅游企业也需要有些新消费的范儿了。

一、消费是理解旅游经济的钥匙

消费是理解旅游经济的钥匙，不仅因为消费是旅游权利的表现形式，更是因为唯有从消费出发，才能理解行政主体、学术主体和市场主体的使命、责任和行为。

早年间，旅游产品的形态比较单一，基本就是旅行社所提供的线路。那时旅行社还处于行业中的核心地位，或者说提到旅游业指的就是旅行社。大多数旅行社线路产品的生产方式就是对机、酒和其他目的地资源的组合。在长时间的卖方市场中，无论机票、酒店、景区门票或是其他更稀缺的资源都是供不应求的，能够旅游的人群也不是普罗大众。随着大众旅游市场的兴起，旅游开始走进寻常百姓家。在加速大众化的进程中，旅行社产品开始遇到了门槛低、创新成本高但模仿成本低、同质化严重等一系列问题，市场陷入价格战、低价团、零负团费、强迫购物等负面竞争中，行业形象不断跌落。当互联网的风吹进了旅游业，传统旅行社与 OTA 平台的博弈持续了 20 多年，自由行也占据了大半江山。在这个过程中，很多传统的旅行社都经历了业务萎缩、市场份额下降，并被冠以落后的标签，于是，众多质疑声四起，质疑团游是否还有未来，如何转型、如何创新、如何寻找在新市场中的立足之地成为普遍关注的问题。

理论上，当市场需求千变万化，旅游产品和旅游企业也无法再长成一个样子。可是事实上，相较于旅游需求的跨界生长和肆意绽放，多数旅行社还陷在传统的自我定义中无法自拔。在游客眼中，身边的美丽风景，日常的美好生活，都是可游可览可体验的内容。自驾远行或者与市民共享公共交通工具，甚至没有事先规划好的线路和项目，都是应有的旅游方式。可是在习惯了观光、团队、包机、包船、包酒店、购物返佣商业模式的传统旅行社看来，这些全新的旅游、旅行和休闲需求是无法构成自己的市场基础的，即使看到了这些需求好像也觉得和自己没关系，或者是想抓住却无从切入。

传统旅行社习惯于在服务对象上定位于团客，使自己无形中站在了散客的对立面。然而旅游业发展至今，这种界限已然模糊，甚至无本质区别。散客是人数极少的团，而团则是散客的集合体。过去这种集合是以人、空间、时间完全一致叠加为体现的，即所有团客在同一时空中完成旅行；如今不过是人在分散的时间中集合在了同一空间，形成了时间轴上的连续体。小团化、半自由行的出现早已说明现代旅行服务中已同时兼具团、散两种性质，再以此区分的意义并不大，旅行社需要突破这种对自我的定义和画像。

那些曾经被忽略的身边的美好风景，那些认为利润太薄而不愿去介入的周边游、学校春秋游、乡村旅游，那些曾经不受旅行社偏爱的、对服务要求高而又不具备直接消费能力的老人和儿童群体，那些在几年前还无法想象的自驾游、房车游、小包团，还有政府的公务旅行和企业的商务旅行市场，如今在不经意间都成长为一个又一个生机勃勃的细分市场。在每一个被传统旅行社忽略和曾经不愿进入的领域，都有更具活力的市场主体在默默培育、耕耘、收获。当旅游与休闲的边界不再有，当出行游玩从远程低频转向短程高频，当城市完成了对乡村旅游消费的虹吸过程开始外溢，当旅游与旅行撑起共同的市场空间，旅游与旅行的需求始终沿着广度和深度两个方向同时奔涌。在此进程中，新的需求不断涌现，新的产品不断出现，新的市场不断形成。

在日益激烈的市场竞争中，越来越多的市场主体意识到差异化发展的必要性，越来越了解市场细分和目标客群定位的必要性，越来越了解如何去深入挖掘目标客群的需求，并把它翻译成产品的语言，最终为游客带来更好的体验。

二、"卷"起来的市场比拼的是产品力

疫情催化下，依赖人口红利和政策红利而快速增长的旅行服务业事实上正加速进入精细化发展的新阶段。产业的高质量发展通常不是在总量快速增长的一团和气中实现的，而恰恰是在外部环境考验和内部竞争加剧中实现的。正如许多伟大的公司都是在经济周期处于底部时创建的，所谓的"内卷"也是任何一个行业走向成熟的必经阶段。

1.经济周期、消费谨慎与出游距离收缩的影响

疫情期间攀升的国民储蓄率，从另一个侧面反映了当下谨慎消费的态度和现状。经济周期叠加疫情不确定性使得消费分层和结构分化进一步加剧。从课题组的走访调研来看，小部分聚焦于富裕家庭市场的业务受影响不大，其变化主要在于海外消费的回流，以及回流后是否有合适的产品和服务承接。这些强劲的需求会通过各种渠道强势释放，出不了国境，就国内游；跨省游熔断，就省内游、近郊游、市内游。团队游和"机＋酒"受限，就自助游、自驾游。原本在疫情前已经出现的中等收入群体的消费能力走弱情况在疫情下表现更为突出，如何调整产品使其更适应当下的客群需求，是摆在每一位业者面前的严峻

问题。如何赢得这些不断增长的、旅行经验日益丰富、品位日益"挑剔"、消费能力在弱化却有消费意愿且有品质追求的大众群体，是旅行服务商不得不面对的课题。

在国际市场没有恢复，国内市场时常受散发疫情影响的情况下，游客出行距离明显收缩，本地游和近程游成为主力产品。在国内长线和国际游产品中，旅行服务商往往需要解决语言、签证、全程服务、流程衔接、出行安全等多种因信息不对称和出行时间长带来的现实问题，而显示出其服务的价值，并依此收取费用。然而，当目光切回短程市场，产品和服务的逻辑都变了。当不需要考虑远程带来的那些问题之后，游客关注的焦点更加聚焦了，那就是：产品本身好不好？

2. 创新型玩家带来新的竞争压力

疫情之下，面对纷繁复杂的市场环境，实际有三种力量在博弈：躺平者希望疫情快快过去而重新回到从前的日子赚快钱；创新者开拓本地游、近程游和目的地营销市场；跨界者以新思维满足新需求，并对躺平者和内卷者形成现实的冲击。

越来越多有着互联网基因和新商业模式的市场主体跨界而来，无论在产品研发、营销运营、供应链管理、融资能力，还是组织结构、内部激励、人才吸引等方面都表现出全新的，甚至降维的优势。那些从专业玩家转变而来的创业者，由于其本身就是专业群体中的一员，而对产品、市场、消费行为都有更精准的把握，甚至逐渐成为某个细分市场的标准制定者，无形中对于传统旅行社的产品开发能力构成极大挑战。如果再考虑到内容生产、产品呈现、私域运营等逐渐成为企业能力的标配，对于多数还在门外的传统旅行社而言是更难迈过的槛儿。传统旅行社过去可能还存在一些资源和人脉优势，但是在旅游资源不断泛化的今天，在供应链越来越短的当下，不再可能完全依靠这些传统优势在全新的市场格局竞争中胜出，甚至可能会因为路径依赖而成为竞争劣势。

3. 公共产品供给加速的双刃剑效应

公共产品与服务的供给加速，一方面便利了人们的出行和目的地建设，但另一方面也对部分旅行社业务形成了事实上的替代。公共交通、本地导览、餐饮服务等依托当地居民生活的泛在化供给，大大降低了游客对旅行社服务的依赖；（移动）互联网技术对旅游业的快速渗透，使得信息获取、产品预订、出行用车等服务处处可得；过去完全依赖旅行社实现的产品组合与服务体验如今都可以自助化方式解决，很大程度上打破了旅行社传统业务的护城河。

公共供给对商业供给的替代越强，旅行社固守的传统市场越逼仄，拓展新市场的必要性就越强。这种替代的本质在于降低交通、信息、门票等旅游刚性消费的门槛来扩大需求，一方面实现了基础产品的普惠式供给，一方面倒逼了市场主体产品研发与服务能力的升级。大众旅游向纵深发展与共同富裕宏伟目标的实现，必然要求高性价比、普惠式供给的快速增长，无论是公共还是商业的。对于市场主体而言，如何能够使旅游产品以普惠的价格走进百姓生活，让更多的人游得起、游得好、游得舒心、玩得放心，是未来发展中更需要培育的一种能力。

此外，市场主体如何以创新的方式进入公共服务领域，通过技术进步、商业创新、人口积聚、政府转移支付、企业社会责任等方式，在保证企业生存发展的前提下提供丰富而具有品质的公共产品供给，具有极大的想象空间。

三、旅游产品也需要消费新思维

1. 方兴未艾的新消费

2015 年 11 月，国务院印发《关于积极发挥"新消费"引领作用加快培育形成新供给新动力的指导意见》提到了"新消费"，通常指由数字技术等新技术、线上线下融合等新商业模式以及基于社交网络和新媒介的新消费关系所驱动的新消费行为。当人类生活步入数字化时代，新的生活方式和新的消费理念不断自然衍生出来，进而催生出新需求、新品类、新品牌、新零售所构建的全新消费业态，是数字化重构背景下的必然结果。

"每类消费品都值得重新做一遍"，这句话即使不是身处新消费行业的人也不会陌生。2018 年以来，新消费如火如荼地吸引着资本的涌入。最突出的表现是 2020 年新消费品牌上演的"上市潮"。2020 年至 2021 年，新消费品牌集体叩响资本市场的大门，涌现出多个第一股："美妆第一股"逸仙电商、"潮玩第一股"泡泡玛特、"新式茶饮第一股"奈雪的茶和"连锁酒馆第一股"海伦司……2022 年新消费赛道正在经历降温、震荡，完全通过流量和爆款复制的成功路径表现出脆弱性，坚实的品牌力、产品力开始成为新消费品牌能走多远的关键因素。

如果我们对产业发展史做一个观察，会发现作为对商业模式创新最敏感的零售业态，其最新的理念与实践传导至旅游业往往需要一段时间，如 C2B（消费者到企业）、C2M（用户直连制造）、定制、DTC（直接触达消费者的品牌商业模式）等，无一例外。从有形产品到无形服务，在产品的创新、实践和传播效率方面还是存在明显差距，在供应链融合、交付方式、消费习惯、人力资源等方面也都存在显著差异。尽管新消费品牌也在经历着一轮调整，但是在新消费品背后的新人群、新体验、新方法论、数字红利、审美需求等都仍然存在，值得旅游从业者深度思考与借鉴。

即使在新消费领域呈现出的竞争格局，对旅游业也是有启发的。如《2022中国新消费品牌增长白皮书》里所写的那样：传统巨头在消费创业企业的冲击下，确实存在反应慢、创新力度不够、人才缺乏等问题，难以最先发掘新消费热点。但传统巨头在产品研发、渠道体系、供应链、资金实力上依然有新品牌短期内难以超越的优势，一旦公司高层下定决心后，巨头反扑对消费企业的冲击不小。新锐品牌免不了要和巨头们正面对决，小、快、灵或许是进攻利器，但面对面交锋，还需要创始人具备长期战略布局和稳步落地。

2. 从"以货为中心"到"以人为中心"

任何企业幻想以一成不变的模式和产品稳居行业 C 位都是不切实际的。如今，行业的龙头 OTA 们正面临着被美团、小红书、抖音、快手、B 站等为人熟知的和那些层出不穷、不为人熟知的新平台和新 App 分流与竞争。四十多年的行业发展史一再告诉我们：战略颠覆级别的竞争对手往往来自行业之外。如同 OTA 从不认为自己是旅行社一样，这种颠覆与冲击往往来自不同的空间和逻辑维度。当竞争没有了边界，对于企业而言，唯一的靶向和圆心就是市场需求。只有以需求为核心，才能够免于任何学术定义、产品形式、商业模式、组织方式、产业边界的束缚，真正成为为游客出行服务的旅行服务商。

从卖资源到卖产品，从寻找独特的资源到踏实地做客群分析，是多数旅行服务商需要转变的思维和需要磨炼的能力。独特的资源固然重要，但是了解产品的人群定位和目标人群的需求更重要。当旅行服务商服务的是一类人群的时候，可以提供的产品及服务是可以扩展的，但是如果只聚焦在产品之上，反而很容易被替代，失去了原有的客群。每个客群都有值得去深入研究并进行产品创新的空间、价值和意义。"95 后"新生代正在成为新消费主力军，他们是数字化原生代，是在数字化环境下成长起来的，非常注重个性化、注重个人体验、注重实现自身价值。即使在大家都讲要抓住年轻人才有未来，也并非意味着只有年轻人这个群体是值得去跟进的。其意义在于年轻人群涌现出的生活方式是容易扩散到其他人群的，但这种影响的表现形式却未必是一致的。新消费实际上是一次消费升级，其他的消费群体也都有消费升级的诉求，也都是新消费的潜在客户群。

从消费方式来看，新消费不再只强调客户购买行为，而是更加强调客户体验，在体验中消费，在社交中消费，在客户和客户、客户和商家的互动中消费，甚至客户还会参与产品设计，譬如 C2M 反向定制等。社交电商的崛起，让销售方式从只关注货物本身转向对人的关注。在这个逻辑之下，商家更多是通过内容和分享的社交电商模式进行卖货变现，从而满足当下消费者个性化及多元化的需求，同时缩短用户决策周期，扩大品类品牌选择面，在本报告的后续章节中，课题组将分享更多的案例来说明这一点。

消费渠道的多元化也是新消费时代的特点。流量入口的日益分散化使得用户、商家、平台各方都存在流量焦虑，对企业的考验也越来越大。每个渠道的规则不同、客群不同、评价体系不同，使得运营不同渠道的能力也不同，对很多传统服务商而言，更多体会到的是无力感，只能望着流量兴叹。但是在没有一定流量支撑的情况下，传统企业想要去做产品创新的成本就会极高，一条新设计或重新优化后的路线能不能达到最低成团量都会是问题，而一旦无法成团，企业就容易陷入"不敢创新—产品落后—市场不买单—更不敢创新"的恶性循环。在数字经济时代，以人为中心的商业理念的落地离不开数据的支持。无论是否适应，企业都需要逐步建立起数据沉淀与分析能力，否则产品创新就没有锚定的方向。

无论被动或主动，旅游产品的生产方式都需要一场变革。产品力的提升不是在产品设计层面上使用一些技巧便能够单独解决的问题，而是需要在营销、运营、渠道、品牌建设等诸多方面有效协同的系统性问题，是需要市场主体在实践中探索出适合自己的、行之有效的方法论。

目 录

CONTENTS

第一章

好的产品需要洞察人性并
提升需求

Chapter 1

Good Products: Insight into human nature

and improvement of demands

企业是通过产品与客户产生连接的。传统的旅行服务企业更多地使用资源打包的方式生产产品，主要发挥着资源搬运工的角色。在信息不对称的市场条件下，这样的旅游产品生产方式主要解决游客观光的旅游需求，因而在大众旅游市场发展的早期，是符合市场认知的，是可以满足广大游客需求的。我国众多旅行服务企业便是在那一时期享受到了我国旅游业飞速发展和人口规模的红利。然而，如今，当游客不再满足于"在 5A 级景区门口拍照留念"，当游客可以在任何时间、任何地点在手机上查询旅游攻略、预订旅游产品的时候，传统粗放的旅游产品生产方式便注定会被市场淘汰。新冠肺炎疫情的暴发无疑加速了这一进程。虽然，疫情对旅游业造成了沉重的打击，但是也加速了旅游产品生产方式的变革。国际游转向国内游，跨省游转向周边游，当远途被压缩成近郊，当陌生转变为熟悉，当游客需求不断升级，旅游产品也进入了不断被"卷"的状态之中。让资源直面市场、缺乏产品意识的模式再也无法满足市场需求。于是，我们会发现，那些固守着传统"资源捆绑"方式的企业在疫情之下被压垮，而能够扛过寒冬、依然存有生命力的，一定是那些可以创造价值的、拥有产品设计能力的旅行服务企业。

众所周知，创新才是行业发展与进步的核心驱动力。对于旅行服务商而言，产品的创新能力是企业核心竞争力的来源。而产品创新的本质是对需求的把握，以及把需求用产品的语言进行翻译的能力。在竞争激烈的市场中，成功的产品设计和良好的用户体验可以满足游客日益多样化的需求，为企业带来经济效益的提升，并使其在激烈的市场竞争中得以生存并不断地发展进步。由此可见，产品力对企业，乃至行业的发展都至关重要，而如何开展产品设计成为一个关键问题。

一、需求是客观存在的，也是需要专业翻译的

产品可以用来满足需求，也可以用来引领需求。但是，掌握需求并不等于可以创造出好的产品。"我了解你的痛苦"并不等于"我可以令你开心"，需求到产品之间是需要被传达和转换的，需要用产品的语言来满足或引领需求。根据游客对于需求的认知情况可以分为显性需求和隐性需求。

显性需求是指游客清楚地知道自己的需求，这类需求往往可以被游客正确地表达出来。例如，众多青年女性为了一张美照飞往一座城市，她们要的就是

一张可以放在社交媒体上展现自我的照片；登山爱好者为了征服一座山，愿意与专业的领队和同样爱好登山的伙伴们相伴而行，他们想要的是登山的运动过程和与有同样爱好的朋友一起社交的过程。这类需求可以明显被感知和清晰地被表达出来。对于企业来说，在明确了目标顾客群体之后，便需要设计产品来迎合和满足这些需求。

另一类需求是隐性需求，是指那些尚未被游客直接认识到却真实存在于人们潜意识层次中的需求。这类需求是游客自己都不了解的，它往往处于朦胧状态，是由人的基本需求和欲望产生的中间产物，无法被精准地表达出来。这一类需求需要由专业人士去分析、挖掘和指导。一旦旅行服务企业能够去挖掘这类需求，便可引导和创造出新的需求。企业对于需求的竞争已经从满足需求转向了创造需求。成功的旅行服务商都有一个共同特点，他们都是围绕客户的需求来设计产品，而不仅仅基于自己能提供什么。满足需求就意味着跟随别人的脚步，而创造需求将为客户带来惊喜。

无论是显性需求的满足，还是隐性需求的挖掘，都需要将需求翻译成产品的语言表现出来。

游客有审美诉求，追求和热爱美的事物＝产品要有颜有值。视觉文化如今已成为一种主流文化。随着视觉技术的进步，越来越多的视觉装置嵌入人们的日常生活，成为人们审视世界的手段，随之形成了消费视觉的文化氛围。视觉文化是一种追求快感的消费文化，影视、广告、摄影、网络视频、手机自拍等，人们不但大批量地生产图像，而且无所不在地消费图像。在当下中国蓬勃发展的视觉文化中，视觉消费已是日常消费的重要内容，更重要的是，视觉消费业已成为人们寻求认同、构建社交的重要途径。社交媒体上的精美图片、新媒体上的小视频，都是现代人展现自我、寻求与他人建立联系的方式。旅行的氛围和空间与这种视觉文化天然地契合，催生了一大批为了追求视觉效果的消费者踏上旅途。

创造有颜值的旅游产品内容、进行有颜值的产品包装成为产品设计的重要组成部分。曾经红极一时的"西北沙漠宇航服大片"的旅游产品就满足了游客对于"有颜有值"的产品诉求。众多旅行服务商在这一产品中不仅提供常规的旅游服务，更重要的是提供服装和主题写真拍摄的服务。在辽阔的西北大漠中，身着宇航服，犹如游客化身为宇航员进入无人之境，国旗等元素的加入，更是激发了人们内心的爱国之情。这样的产品内容设计满足了人们对于视角文化消费的一切诉求，推出即成了"网红产品"。另外，游客对于审美的要求倒逼旅行服务商在产品包装方面不断地"卷"起来。随着旅游产品宣传渠道的转变，产品呈现方式越来越重要，尤其是在小红书、抖音等注重内容的新媒体上宣传，对于产品包装的颜值要求是极高的。从海报到视频再到文案的设计，都需要满足"颜值控"的诉求。

2020年，一条"价值百万的文案"成为热搜。芒果电视台推出的新综艺节目《乘风破浪的姐姐（第一季）》在播出第一集后，其宣传文案在网络上引起热议，网友纷纷评价到，"这一文案价值百万"。文案内容抓住了"女性"和"年龄"这两个关键词，鼓励女性，尤其是30+的女性，突破传统对于性别的束缚，突破现实对于激情的打压，鼓励现代女性遵从内心，活出真我。文字的力量是强大的，这样的文案就是通过文字直击现代女性的内心诉求，从而引起了巨大的共鸣和反响。

旅游自媒体博主房琪也是依靠自身强大的文案功底在网络上赢得了一波流量。在她创作的旅行短视频中，不仅有高颜值的画面和构图，更配有打动人心的文字解说。在描述厦门南川的荧光海时，她描述到"它像是碎钻洒进了大海，又像是星星坠入了人间"，优美的文字配上南川绝美的风光，激发了人们远行的欲望。

（案例来源：课题组根据相关资料整理）

画面可以是精美的，文字也可以是有力量的，两者的组合便可呈现出有颜有值的旅游产品，满足游客的审美诉求。

游客偏爱新、奇、特，渴望猎奇的体验＝罕见的资源、稀奇的玩法、独特的选址。追求新奇的体验是旅游者出行的重要动机之一。与其他动机不同的是，偏好猎奇体验的旅游者更加追求较为原真的旅游环境，甚至是那些具有"蛮荒"和"神秘"气息的场景。偏好这类需求的旅游者往往是具有探险精神的先行者。针对这类旅游者，旅游产品的设计一定要有新奇的要素。

新奇感可以基于罕见的资源。任何稀缺的资源都是市场竞争的焦点，北京、西安、桂林等第一批成长起来的旅游目的地便是靠着自身独特的旅游资源。随着这些目的地热度的不断攀升，猎奇的旅游者开始探寻新的旅游资源。作为引领市场发展的产品设计者，自己本身就应该具有这种猎奇的精神和能够寻找到罕见资源的能力。他们往往具有一双慧眼，并且有创造新品的勇气。创新是一种心态也是一种习惯，能够保有寻找新、奇、特资源的勇气，便拥有引领潮流的可能。

新奇也可以是基于传统资源的奇特玩法。罕见的资源是有限的，探寻奇特资源的过程是艰辛的，但是这种产品设计的逻辑是相对直接的。面对新资源，玩法的设计可以是相对简洁的，甚至是原始的。而面对传统的资源，要想设计出奇特的玩法是复杂和困难的。

2018 年，有一本"神书"横空出世。这本书在预售期就卖出了 12.2 万册，众筹金额超过了 2020 万元。虽然在付款后需要有 1~2 个月的漫长发货等待期，但依然无法阻挡网友的热情。这本神书就是由故宫出品的《谜宫·如意琳琅图籍》，它将书做成了游戏，将故宫文化和元素融入一场冒险之中，让读者在阅读过程中感到酣畅淋漓。故宫是个大 IP，而 IP 本身是把双刃剑。它可以带来流量，但也极易招致骂名，如果内容无法创新，很容易带给用户乏味感。而这本"神书"则用巧妙的构思和设计赢得读者的喜爱。有网友评价这本书体现出了故宫"择一事，终一生"的匠人匠心，可见在传统文化上进行创新不仅需要对专业文化的深度理解，更需要对创新这件事潜心挖掘。

（案例来源：课题组根据相关资料整理）

博物馆同样是十分传统的文化产品，但是作为"事业单位"的他们并没有直接"躺平"，而是不断地寻求创新，"博物馆奇妙夜""大咖说""博物馆音乐会"等产品都围绕"文物"和"空间"做出了新文章。

新奇还可以是基于差异化的打法。华尔街有一句流传甚广的商业经典准则"location，location and location"（地段、地段，还是地段）。对于民宿类产品来说，绝大多数企业遵循这一准则，选择地理位置极优的地域布局。然而，也有企业选择"剑走偏锋"，通过差异化选址实现了盈利的目标。

匠庐是一个酒店、民宿开发运营品牌，致力于打造运营高端酒店、民宿产品，隶属于云南匠庐文旅发展有限公司。

匠庐在进行民宿选址时，采用独特性战略，即与当地市场竞品进行差异化选址或者选 3 年内不可复制的选址。比如，依托峡谷、洞穴、山景、森林、瀑布、村寨、田园等的选址。匠庐会尽可能选择远离喧嚣和游客扎堆的地段，营造短暂避世的高端度假氛围，形成鲜明的品牌印象。匠庐认为，较为偏僻的选址，往往物业或者土地成本较低，但建设成本和运营成本较高，如材料运输、运营采购、床品洗涤的成本较高，从而使民宿客单价要高出同业水平，这对运营团队的营销提出了挑战，尤其是要将运营个性化和营销多元化结合得更加紧密，缺一不可。因此，匠庐差异化选址的背后需要多渠道营销来支撑，如在新媒体和社交平台持续不断地曝光，把民宿做成旅行度假目的地。

　　此外，匠庐在选择管家时也采用了差异化的方式。在招聘管家时，匠庐不看学历、不看颜值、不看年龄，他们更注重的是管家的亲和力和社会阅历，甚至会聘用听力障碍人士。录用之后，他们不会对管家做出强制性要求，相反，他们鼓励不同的管家表现出不同的个性，内敛的、稳重的、阳光的、积极的都是他们青睐的。管家可以在民宿规定的成本范围内或者在店长特许的情况下，高效率地给客户创造超乎预期的服务，因为客户满意度是运营管理的核心，也是管家考核晋升的最直接的参考要素。

　　（案例来源：匠庐）

　　游客喜欢和志同道合的人一起玩＝在社交的环境里增添更多的互动体验。现代高效率、高理性的都市生活节奏，以及人们长时间生活在"网络世界"之中，使得社会"原子化"现象越来越凸显。然而，作为社会性动物，人类天然具有参与社会活动、与他人建立社会关系的倾向。这种寻求社交的意愿，是因为人类从心理上有归属的需求，社会交往可以让我们的归属诉求得到满足。一旦我们感觉自己的归属系统受到威胁时，我们便会通过寻求社会交往来对其进行补偿和满足。社会交往不仅可以帮助我们巩固已有的社会关系，还可以帮我们拓展新的社会关系。旅游活动为社会交往天然地建立了空间和场域，因此越来越多社交属性突出的产品问世。以"主人精神"为核心的民宿如今已经成为热门的旅游产品。这类产品摆脱了传统住宿类产品标准化的服务，突出在住宿环境中的社交功能，主客互动、客客互动的社交氛围成为产品的卖点。游客住在民宿中，与主人共享住宿空间的同时，与他人聊天、互动，在非惯常的环境中感受来自陌生人的亲切感。

　　浙江省白金级民宿（由浙江省民宿评定管理委员会评定）千岛湖"鱼儿的家"，作为个人主体经营民宿的代表，它不同于市场上资本化、专业化乡村精品酒店民宿的发展模式，而是经历了"卖房间——卖空间——卖时间"三个阶段。早期"鱼儿的家"因其可观千岛湖的地理优势、温馨舒适的住宿环境以及民宿女主人热情细致的服务，受到游客的喜爱。由于客房数量有限，这里经常处于供不应求的状态。随着越来越多的民宿住客更喜爱在民宿区域活动，度假休闲、娱乐交友的需求甚至高于周边观光的旅游需求。因此，在这一阶段，"鱼儿的家"在民宿经营上并没有一味选择开店、复制，提高客房数量，而是选择在民宿产品服务上进行纵向延伸。他们将民宿公共空间进行升级，改造出茶室、餐厅、亲子乐园等空间供不同客群使用；在地体验上，民宿开发出了包括千岛湖写生、垂钓、瑜伽、花艺、亲子采摘、漫步等多样体验项目。疫情期间，鱼儿的家通过社群售卖特色农夫产品、优惠预售民宿房券极大缓解了现金流压力；在旅游复苏时，他们积极参与到线上营销活动中来，推出特色套餐民宿产品，民宿主理人也亲自上阵，多次参与平台直播，以民宿女主人精神来传递"鱼儿的家"民宿生活方式，吸引用户种草，收益恢复强劲。依托空间＋时间的多元产品销售，使得民宿收入结构更趋合理，抗风险能力更强。虽然近年行业受到疫情冲击，但"鱼儿的家"年均出租率仍然超过 60%，高于浙江全省乡村民宿入住率近 30%，成为浙江乡村代表性民宿。

（案例来源：小猪民宿）

在传统的东方文化认知里，与陌生人社交是一件极其谨慎的事情，因此如何破冰成为关键。相同的爱好可以将人们天然地聚合在一起，降低彼此的心理障碍。以爱好聚集起来的俱乐部或社团成为近年来十分流行的活动组织形式。摄影、攀岩、登山、骑行等具有爱好属性和一定专业属性的俱乐部跨界进入旅游业，组织自己的会员活动的同时，也秉承以爱好会友的精神组织旅行团队出游。这类旅行服务商拥有社群运营的基因，擅长营造社交场景，组织具有互动环节的专业活动。在整个产品流程设计中，最为重要的是"破冰"环节。这一环节是需要被设计和引领的，在专业领队的带领下，成功跨越社交门槛之后，便可在团队中形成良好的社交氛围，从而使得大家更自主地与他人产生联系，实现社交诉求。

游客希望简单、省事，渴望被照顾＝产品要凸显服务设计。在一个可以任意自由行的时代，游客仍然选择旅行服务商的主要目的就是"省事"。自由行听起来是"自由""美好"的，但是真正体验过自由行的人深知其中的"辛苦"。

自由行前，游客需要自己花费大量的时间和精力做攻略；行中，又需要游客时刻操着心，在旅游体验的同时不得不关心接下来的旅行安排，一旦遇到问题，游客也必须自己去面对和解决。自由行背后所需要的大量时间和精力是很多渴望旅游的人所不具备的，甚至在一些人看来，这样繁杂的准备和时刻悬着的心与旅行追求放松、闲适的目的相悖。此时，服务便有了生存的空间。旅游服务商提供的产品本质便是服务。这份服务可以为游客寻找他们喜爱的景色，可以帮助游客安排特色的美食，可以为他们提供最舒适的住宿，可以让游客在有限的时间内更合理、高效地感受目的地。因此，旅游产品在设计过程中，要从游客的诉求出发，对所提供的服务进行设计。

在激烈的竞争中，产品的竞争力来源于对服务细节的设计与把控，细节彰显品质。近年来，西北成为热门的旅游目的地，自驾游更是游客偏爱的旅行方式。然而，西北自然地理环境复杂，充满神秘感的大漠蕴含着威胁与挑战。游客贸然自驾会存在较大的安全隐患。同时，游客在追求大西北广袤的自然风光的同时，也要忍受当地旅游基础设施不完善的问题。对此，一些旅行服务商针对这类客群提供了专业的领队、自驾车的配套服务等。有些服务商更是将产品升级，提供房车自驾服务，更有旅行企业为旅行团提供了移动式卫生间，解决游客在路途中的生理诉求。针对不同的人群，提供不同的服务设计，为游客提供方便、舒适的旅行体验。

游客"喜新厌旧"，偏爱新玩法＝产品要不断地更新，提升迭代的速度。旅游本身就是一个打破惯常、需求突破的活动。游客希望逃离原来的生活环境，在另一个相对陌生且新奇的环境里感受周围。因此，游客天然地会对"新"有所诉求。游客选择旅行服务商提供产品的重要原因在于它可以为游客提供其自身难以实现的新玩法。"新"是保持客户黏性的关键。对于追求"新"的游客来说，他们很少会为同样的旅游产品重复买单。为了增加客户黏性、提升客户的复购率，旅行服务商要不断地迭代更新自己的旅行产品，丰富旅行产品的内容，提供新的玩法或是赋予旅行产品新的价值和意义。新冠肺炎疫情期间，游客的活动范围收缩，城郊成为新常态下热门的活动区域。对于这些相对熟悉的环境，旅行服务商需要不断地更新产品内容来满足游客求新的诉求，实现企业与顾客之间的频繁互动。频繁互动可以让企业品牌露出在顾客面前的频率增加，一旦客户有外出需求，便可与企业产生联想，提升企业的交易率。我们会发现，在新冠肺炎疫情期间依旧活跃的旅行服务商都具有较强的产品更新能力。

当然，产品更新迭代的速度不仅取决于企业的意识，更取决于旅行服务商的商业模式。传统的旅行服务产业链条比较长，往往要经过游客—组团社—批发商—地接—资源供应商这一长链条。直接接触客户的组团社通常拿到批发商提供的产品后便直接进行产品发布和销售，而批发商或是地接社又离顾客比较远，无法及时地获得需求信息。这样，负责产品设计的批发商无法及时获得客户反馈，而能够接触到客户的组团社往往又不参与产品设计，导致旅游产品无法及时根据客户需求进行不断迭代和更新。在新型的旅行服务商中，这一问题得以很好地解决。

浙江游侠客国际旅行社有限公司（以下简称游侠客）十分注重产品的迭代速度，专门设置了产品经理一职对产品进行更新和优化。他们通过互联网实现了直客模式，从而缩短了产品设计与游客需求之间的距离。产品经理根据系统中用户的反馈对产品做出合理地调整和产品迭代。顾客，即产品体验者，往往可以给产品的更新迭代提供无限的想象和动力，游侠客就是利用他们强大的信息管理能力和专业的岗位设置，极大地调动了用户的想法，实现了产品的快速更新和迭代。

（案例来源：游侠客）

游客寻求情感的慰藉与共鸣 = 内容的生产与意义的赋予。情感是游客深层次的内心需求。从产品设计的角度，对游客情感的调动要从两个层次进行产品的设计：第一，感性层次，是指产品通过外在的表现形式直接向用户传达信息，使游客产生情感上的联想。在这一层次上，旅游产品的设计者需要对旅游产品的内容进行生产，通过图片、视频、文字等方式与游客建立情感连接：黔东南的村落给人以避世之感，泸沽湖可以治愈心灵，成都让人在慢生活中感受惬意……设计者可以给每一个目的地赋予一种情感的色彩，这种色彩令资源更加丰富和立体。第二，意义层次，是指由游客、产品和旅游空间相联系而产生的特定含义。这一层次的重点在于游客在体验旅游产品时能够得到进一步的思考和启示，从而引发情感体验。这往往需要设计者能够充分利用旅游资源、空间环境、解说内容等进行情绪设计，从而引发游客对于生活、人生等意义的思考。例如，面对宏大事物的敬畏感可以让我们珍惜现有的生活，感受历史长河的流动往往帮助我们更好地应对生活中的困境。总之，通过意义的赋予，游客在旅游过程中可以寻求到情感的认同，从而制造一段独特的情感记忆。

小猪民宿成立于 2012 年，是国内领先的特色住宿预订平台、独角兽企业，民宿房源涵盖城市短租、乡村民宿、公寓民宿、轰趴别墅等，致力于通过构建特色住宿服务体系，为旅游者带来个性化、品质化的住宿体验。小猪民宿实行双总部运行，分别位于北京、成都，并在全国十余座城市及日本东京拥有运营中心。截至 2021 年年底，小猪民宿房源覆盖全球超过 710 座城市及目的地，拥有超 5000 万活跃用户，房源总量突破 80 万套，其中乡村民宿房源量达到 30 万套。

面对日益增长的个性化出行住宿需求，小猪民宿围绕 C 端用户心智进行品牌形象输出。为区别于共享住宿鼻祖 Airbnb（爱彼迎），打造小猪民宿自身差异化的品牌心智，围绕名称营造"有人情味的住宿""居住自由主义"的品牌形象。2015 年，小猪民宿正式发布种子房东计划，招募大批意见领袖成为小猪民宿种子房东，种子房东身份包括知名作家、媒体人、编剧导演、运动员、歌手等，这些种子房东围绕花店、书房、电影工作室、剧院等发布的主题特色房源，成为兼具话题传播价值和特色体验的热门民宿产品，利用社交红利让意见领袖成为民宿体验的布道者和小猪品牌故事的传播者。成功吸引大量有故事、有话题性的民宿房东入驻平台，为小猪民宿带来品牌曝光的加持。2016 年，小猪民宿与国内近百家独立书店正式发布"城市之光"书店住宿计划，全网征集招募热爱文学以及新奇旅居的用户体验书店住宿。类似的活动还包括住在教堂、住在剧院、住在山野、住在树屋、住进冰屋、住进船屋等系列主题住宿体验，旨在通过新奇有趣住宿体验触达年轻消费者。2017~2019 年，为持续输出品牌心智，辐射更多用户受众人群，小猪民宿陆续与知名综艺节目《向往的生活》《天天向上》《高能少年团》合作，提供独家民宿房源，并增加在一线城市、主要高校及核心商圈开展线下民宿快闪、校园快闪活动、线下地铁广告投放等活动频次。

（案例来源：小猪民宿）

小猪民宿通过主题房源、主题活动，打造"有人情味的住宿""居住自由主义"的品牌意义。通过意见领袖来引导用户为品牌故事进行创作和传播。以"城市之光"书店住宿计划为例，将书店与住宿结合起来本身就给用户在感性层面带来了一种静谧、休闲的文艺气息，又可以通过书激发用户思考，从而在意

义层面上丰富了产品，给住客留下难忘的经历。

二、好的产品要解决主要需求，无须面面俱到

　　游客的需求是复杂的、多层次的。作为一个旅行服务商无法满足各类、各层次的游客需求，因此一个企业要明确自己的目标顾客群体。当游客进行旅游消费时，游客的期望往往是理想化的，他们期望一个旅游产品可以满足自己的所有的诉求。但是理想的诉求往往是需要成本的，在有限时间或是有限金钱的约束条件下，单个旅游产品必然要有所侧重，不可面面俱到。既然如此，在旅游产品设计阶段，便可有所靶向性。旅游产品无法是完美的，但可以是合适的。只要能够帮助到客户，能解决客户的问题，产品的功能和价值足以满足顾客当前的需求，便是适合的产品。

　　关注你想关注的。公司的基因和调性往往能够反映在产品之中。众多旅行服务商的创始者都有着自己的偏好，因而他们的注意力往往会集中于自己偏好的领域。

　　土博鼠轻奢游（土耳其欧亚旅行）的创始人之一有着丰富的土耳其旅游产品运营经验，甚至特意去了土耳其，探访当地的资源，学习当地的语言，感受当地的文化，结识当地的朋友。在深入了解目的地的基础之上，他们围绕土耳其推出一系列产品，从公务考察到高端定制，再到 B 端企业服务。2016 年，企业将目标顾客群体定位在 C 端客户群体。于是他们通过线上电商平台，提供目的地玩法攻略，包括接送机、当地避雷 tips 等细节，进一步带动旅游产品的销售。同时他们能够根据顾客需求，提供有针对性的产品。例如，针对家庭游客，他们会区别于商务客群的高端定位，将产品定位在舒心的安排和灵活的服务上。在欧洲线路非常火的市场状态下，他们仍然专注于土耳其这一单一目的地。正是他们的单一和执着，使得他们成为在这一产品线上的佼佼者。

　　（案例来源：土博鼠轻奢游）

　　我们观察到，一些新型旅游服务商的创始者自己就是一个优秀的玩家，他们不仅自己会玩，而且乐意带着大家一起玩。将自己爱好的事情，做成了一件自己擅长的事情，将注意力始终锚定在自己擅长的或是有优势的领域，并在这

一领域深耕，最终成为细分领域的头部玩家。

专注你想做的。课题组调研发现，在细分领域的头部商家所采用的战略往往不是跟随需求，而是去引领需求。而他们之所以可以引领需求，最主要的原因在于他们能够获取细分领域最前沿、最潮流的玩法。

动觉地球是一家专门做"运动＋旅游"的新兴旅行服务商。他们倡导潮流运动的生活方式，通过运动这一主题来组织旅游活动。疫情之前，他们主要从事海外运动旅行业务。疫情之后，他们转向国内，做跨省运动旅行和城市运动微旅行业务。无论活动场域发生怎样的变化，他们始终专注于企业所倡导的积极向上、充满活动的生活方式，鼓励青年勇敢探索自我。疫情对旅游业的冲击是沉重的，但是它唤醒了人们对健康的关注，让更多人愿意进行体育锻炼。近期，一些极具社交属性、娱乐属性和一定专业属性的运动成为都市青年的新宠，如桨板、飞盘等。在这一领域，动觉地球是专业的、经验丰富的。

桨板这项运动首先是在国外火起来的。2016 年，动觉地球的创始人就与朋友亚历克斯（Alex）一起在新西兰的南岛体验了这项运动。新西兰是户外运动的天堂，动觉地球创始人一行到达这里就是为了找寻最新最特别的户外运动体验。而他们的朋友亚历克斯（Alex），是一个疯狂的户外爱好者，似乎没有他不会的运动。跟随着亚历克斯（Alex），他们探寻了很多地方，远足（hiking）去看火山，乘直升机去跳伞，到山地里骑行……然而，在各类上山入海的活动中，最打动他们的，竟然是划着桨板去海里抓海胆。大家自己潜水抓海胆，抓上来便在桨板上一起分享这些最鲜甜的海胆。桨板的英文全称是 Stand-up paddle，即"站着滑的板"。在他们看来，桨板是一个无边的船，不止形态上无边，它还可以让人们在海面上自由行走。当你能够在透明的海水上站立时，真的仿佛拥有了超能力，那种自由与自在给他们留下了深刻的印象。

随后，动觉地球便将这项运动带回了海南，与更多人分享"桨板的魔力"。面对完全陌生的运动，为了降低运动的专业性，该产品 1.0 版本是在相对封闭的水域里进行教学和体验，目的主要是向大家介绍这项运动，并且搜集用户反馈。2017 年，动觉地球将产品升级到 2.0 版本，在开放水域将"桨板瑜伽"课程融入海南冲浪营之中，开始让用户在开放水域里体验桨板，也为企业传统的海岛产品系列增加了新的体验。2018 年，动觉地球又将"桨板开放水域划行"带到了他们的法国帆船营、巴厘岛冲浪营项目之中，融入了更多当地文化和体验。

在南法的星空下，在"恶魔眼泪"的玻璃海上，游客在这艘无边的船上，尽情地享受着星辰大海。随后，动觉地球根据不同的场域，将桨板活动分为"流动城市"与"自在山水"两个系列，用户可以在城市的河道中分别感受划行体验和基础课程，也可以在旅行中增添桨板带来的乐趣。2020 年疫情暴发之后，他们将产品重心放回了国内，结合城市新青年的生活需求和用户的成长要求，进一步加重了产品的社交属性和娱乐性，把更多有趣的场景搬到桨板运动之上，开发了"桨板流动酒局""桨板飞盘""桨板（brunch）""桨板健身房""桨板会客厅"等垂类产品。近期，他们又结合景区运营，将桨板带入更多传统景区之中，如桂林山水、苏州古镇等，让更多年轻人又重新开始接受景区行程。（图 1）

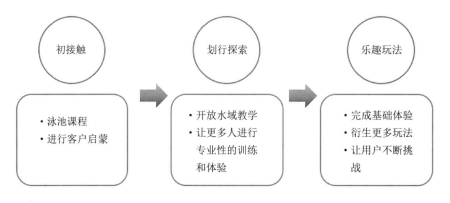

图 1　产品更新的思维导图（由动觉地球提供）

动觉地球表示，产品的每一次迭代都是源于他们自身感受的升级：当初就是为了要感受那份在海上的自由，我们发现了桨板；为了能够在城市里也能感受到桨板的快乐，我们开发了"流动城市"；疫情之后，虽然我们没有办法在封闭空间内聚会，但我们可以把酒局和会客厅搬到户外，搬到桨板上。动觉地球在每一次产品创新和迭代之前，都会亲身体验。他们跟随专业玩家，寻找最佳玩法，并反复体验。动觉地球始终坚信，只有自己觉得好玩的产品，才能教别人怎么玩！

（案例来源：动觉地球）

专业的人做专业的事。以动觉地球为例，他们在创造产品之前，并不是完全听取市场需求的意见，而是去寻找专业的玩家。这些专业玩家是最热衷于创新的，跟随他们才能找到最潮、最酷的新玩法，他们的认知、创意和感知往往都是更前沿、更加敏锐的。随后，企业凭借自身敏锐的观察和专业的能力进行产品设计和生产，在无数次亲身体验中不断地打磨产品。当产品交付之后再进行多轮的用户反馈搜集，根据用户感受进一步改善产品流程和体验感。随后，再根据产品投放的经验和效果选择迭代或是淘汰。在一轮又一轮的检验中，动觉地球坚持做自己想做的内容，而用户的反馈则主要用于优化产品流程和体验感。企业往往有自己的想法和调性，只有专注于自己的目标，才能有实现目标的可能。

询问你想知道的。游客满意度调查是企业保证服务质量的重要环节。旅行服务与其他服务不同，它所提供的服务要素复杂多样，往往包括食、住、行、游、购、娱等多个要素内容。每个服务要素都会影响服务质量，但是，在有限的预算条件下，不可能使所有的服务要素都令人满意。例如，交通工具或是住宿条件，受到很强的价格约束和时间约束。游客愿意出更高的价格便可拥有条件更佳的服务接待设施，旅行服务商很少有左右和决策的空间。因此，当询问游客反馈时，一定要珍惜与游客互动的机会，将关注点集中在产品想要表达的重点上。例如，一个民宿类产品，就不能按照酒店标准化服务流程的内容进行询问，而更应该关注民宿想要传递给顾客的信息。例如，与主人的互动，民宿主题表达或是特色活动组织等。再如，针对企业团建的旅行活动，一方面，没有必要过多地询问旅游接待设施，另一方面可以减少个人舒适体验的问题，而更应该关注此次活动带给用户的团队体验。

总之，旅行服务商的关注点应该要聚焦，并在自己专注的领域进行持续稳定的高质量输出。在精力、财力有限的条件下，相对弱化其他环节，做到有的放矢，科学统筹。

三、好的产品体验是需要设计的

在传统"资源捆绑式"的旅游产品生产模式中，我们让资源直面市场的背后逻辑是：游客自己会感受和体验好的资源。然而，这种要求对于游客来说是苛刻的，我们无法要求一个第一次来到目的地的人就能感受到当地蕴含的文化与精髓；我们无法要求一个没有相关知识背景的人就能理解一件艺术品所表达的意义；即使是面对优美的自然风光，我们也无法要求游客能够找到最佳的观赏点或是能够将最佳的景色进行有节奏的串联。旅游产品可以是一件艺术品，也可以是一件快消品，但无论哪种类型，都需要由专业的人进行设计。世界是丰富多元的，不同角度下的世界又是多变的。

东驿敦煌酒店是一家位于沙漠之中极具设计感的高端酒店。敦煌位于河西走廊的最西端，千百年的风雨，岿然不变的悠远深邃，它静观朝代更迭，岁月变迁，文明由此扩散，徙倚而沉淀。而在这种沉淀下，敦煌日渐迷人，吸引着无数自由灵魂的向往。东驿敦煌酒店将目光对准敦煌，意在打造一家融中国历史文化和传统西北居民文化为一体，融合了传统文化并具绝佳观赏性的野奢酒店。东驿建筑集群诠释着人们对当今时代的诉求，对敦煌场域的记忆与感情，与周边建筑既相互区别，又相互确认。作为东方文化精神的当代表达，在时间长河中，确立了自己的时间锚点。在敦煌，空间秩序，即是时间秩序。在有界的空间，形成无界的时间。东驿敦煌的建筑设计还延续了士大夫精神生活的思考，借鉴东皇"土墙""晾房"等传统西北居民的形制，夯土建筑工艺以当地生产的泥坯筑成，从而使建筑从容"隐"于周边整体环境，犹如自然生长。其外观方正敦厚，柱梁如脊椎；空洞的保留可观一天之中光影的轮转，大漠之风日夜无休穿透其中，余音萦绕，整个建筑空间气韵通透，暗合古典东方的精神气质，强调建筑的结构感与光的交互，构建出具有人文活力的建筑语言。

除了用建筑设计传达文化意涵，东驿敦煌酒店还设计了抄经、临摹、亲子时光、汉服体验、文化艺术课程等体验活动。其中，"日落点灯仪式"用艺者、灯光、篝火、舞蹈、仪式告诉住客"夜黑了"。日落是我们每个人每一天都会经历的时刻，却往往因为习惯而被忽略，而这一仪式就是通过模仿古老祭祀的方式，让游客感受自然的静谧感。在自然与历史交织的敦煌，在日夜交替的时刻，通过仪式的设计，让游客看到、关注到此刻的敦煌和此刻的东驿。

（案例来源：案例中部分内容来自岭南田园文旅搜狐号，其余部分由课题组根据相关资料整理）

设计者就是游客的眼睛。设计者通过专业的视角展现出他们想让游客看到的世界，营造出他们想让游客感受到的世界，创造出他们想让游客体验的世界。

专业领域的门槛没有想象的那么高。随着旅游业不断向细分市场演化，一些小众却专业的领域越来越受到追求新奇特青年的偏爱。这些专业领域往往是令人向往的，因为专业的门槛，它拒绝了绝大多数人而显得独特且神秘。然而，这份神秘感却吸引了猎奇的游客想要感受和参与。专业领域的门槛会给人造成心理壁垒，让人不敢靠近或尝试。因此，如何通过产品设计来降低专业领域带给游客的焦虑感是至关重要的。

"太阳捕手极限飞盘"是动觉地球推出的热血城市系列中的一款产品。飞盘虽然体积小，所需场地自由，但是它是一项需要技巧和团队协作的运动。所以，它是一个看似好上手，但却需要一定专业度的运动项目。动觉地球认为，运动类旅游项目的核心是带给游客快乐感，因此他们提出"水平有分类，快乐无差别"。

为了让更多的人可以参与到飞盘项目中，动觉地球首先根据不同水平和需求对产品进行了分级：

· 飞盘萌新局——适应人群：0~5 次飞盘经验的全年龄段

· 飞盘大娱乐家——适应人群：无须比赛竞技，以游戏娱乐为主，任意人群

· 飞盘热血赛——适应人群：有 3 次以上飞盘经验的人群

· 飞盘联赛——适应人群：各品牌、团体、企业的定制联赛

· 飞盘家庭嘉年华——适应人群：专为家庭日定制，让 5~70 岁的家庭成员都可感受到飞盘的快乐，促进家庭关系更加融洽

游客可以根据自己不同的水平和目的进行产品的选择，小白们不用因怕出丑而却步，专业玩家也可以找到竞技的快乐。充分的准备是降低人们心理壁垒的关键步骤。大多数的焦虑来自未知，为此，动觉地球会在出行前给用户提供一份活动体验指南。在指南中，不仅会讲述飞盘的故事，并且从时间、地点、流程、着装、保险、补给、温度等各个维度向用户介绍活动。

为了让这项外来的运动更适合中国人，动觉地球根据中国人的体质特点进行产品内容设计。例如，在产品测评阶段，他们会监测参与者的心率，并要求所有环节的参与者平均心率不超过 150 次 / 分。对于热身和拉伸环节，动觉地球也精心设计，尽力让每一个参与者的身心都进入状态，减少运动后的酸痛感，从而保证用户体验。此外，还通过双人、三人、团队票优惠的方式鼓励用户带更多的朋友共同参与，增加活动的氛围感和亲切感。

（案例来源：动觉地球）

动觉地球通过产品分级、活动体验指南、产品专业测试等方式来降低专业

运动带来的心理壁垒和焦虑感，让更多人可以感受到运动带来的快乐体验。类似的，当我们把航空航天、分子力学、生物化学等资源做成研学类产品时，也是将这些高精尖技术的专业认知门槛降低。通过通俗易懂的语言、有趣互动的活动，让中小学生可以参与到这些科学活动之中，不仅学习技术背后的知识原理，还激发了广大学生的科学兴趣。

异域的文化不仅是独特的，也可以是有趣的。对神秘和未知的渴求与探索是人类的本性。异域文化天然的独特性本身就是稀缺的资源，具有民族特色物质资源和非物质资源所承载和表达的文化能够满足游客对当地原真性的追求，因而往往带给游客独特的体验。然而，差异性带来独特性和吸引力的同时，也会给游客带来心理距离感，无法真正地融入当地的文化之中。此时，产品设计的目标就是让游客可以深入地参与到异域的文化环境之中，带给游客有趣、有感的独特体验。

孤独游塾旅行学院执行院长张弦老师讲述了他自己设计的一个旅游活动——"维吾尔族巴扎"。巴扎是维语集市的意思，新疆喀什当地的维吾尔族人每周都会赶一次"巴扎"，成为当地人生活的重要组成部分。然而，巴扎并不是一个固定的集市，而是根据星期进行有序安排，例如，周一固定在某一个村落，周二在另一个固定的镇子的形式，这样的安排对于当地人来说，是刻在骨子里的东西，因此没有任何纸质资料的留存。对此，张弦深入目的地，每日追随着巴扎到各个村落，在做记录的同时，了解各个乡镇的特点。为了进一步了解当地的文化，设计者阅读相关文献，甚至拜访新疆大学的人类学教授。在对当地资源和文化深入了解的基础上，张弦对如何体验维吾尔巴扎进行了专业的设计。

他带领游客体验的并不是喀什市区内其他游客都可以去的巴扎，而是在当地乡镇上十分原生态的巴扎。在这样的环境下，整个集市中几乎没有一个汉族人，因而游客可以体验到最原真的维吾尔族文化和最地道的氛围感。在体验巴扎之前，每一位游客将拿到图2这样一张小卡片，将20人的团队分为四组，并给每组发放100元的活动资金，每组要完成卡片上的规定任务。

图 2 维吾尔巴扎小卡片

以任务一为例，"每小组买一个يون，再买一个شارل，然后带着这两样维吾尔族人最常用的东西，自编一段舞蹈，拍视频发到群里"。任务中部分词语以维语的形式出现，游客需要用自己的方法去了解维语的含义，并通过拍照、购物、品尝、沟通等多种方式参与到巴扎之中，再通过一些系列的竞争机制增强活动的趣味性。

在活动过程中，游客与当地居民不断互动，参与着当地最 Local（有当地特点）的巴扎，吃着当地最 Local 的食物，将维语变成沟通的桥梁，将互动变成理解的基础。游客在最真实的环境中体验着充满趣味的活动，感受最原真的文化。

（案例来源：由孤独游塾旅行学院执行院长张弦老师讲述）

这款"维吾尔巴扎"的设计与绝大多数旅行社产品不同，它一改之前打卡式参观新疆的方式，用娱乐的方式引导游客深入体验当地文化。游客在旅行中的美好体验不会自然而然地发生，它是需要被引导和设计的。

游客的情绪不仅由游客自己把控，也可以被设计。人的情感分感性和理性，两者无法分离，但有高有低。当人们离开惯常环境踏上旅途之时，往往希望可以卸下理性的严谨，展现内心最本真的自我。因此，旅途中的游客，通常是更加感性和柔软的，此时的他们在表达情绪的时候会更加直接。如果说旅游是一场体验的过程，那么情绪必然是体验中最重要也是最直接的感官层次。游客探寻快乐、寻求刺激、渴望感动、期望惊喜，每一种情感的经历都是有价值的。

然而，按照传统旅游资源打包的产品设计方式，旅行服务商们将游客情绪控制的钥匙交给了资源，让游客自己在资源中感受情绪，这种自然的情感表达也意味着游客情绪随时会失控，游客满意度无法把控。

孤独游塾旅行学院在为司导进行培训时，曾有一位司导提出游客的情绪会在旅游中失控，每当游客自己的情绪不好，作为导游人员是很难处理的。但是在孤独游塾看来，除非有特殊情况，游客的情绪一般是不会失控的，失控最主要的原因就是因为产品设计不足。旅游产品设计与电影脚本一样，游客什么时候笑，什么时候感动，什么时候会思考，全都是由产品设计者提前设计好的。孤独游塾分享了两个设计游客情绪曲线的方法：

一是"峰终定律"，由诺贝尔经济学奖获得者丹尼尔·卡内曼提出来。人对一段体验印象最深的是情绪的两个时刻：一个是"峰值"，最好或最差，也就是极值；另一个是"终值"，就是结束时最后一个体验。很多线下体验相关的公司都在用这个方法，如北欧的宜家、美国的迪士尼、中国的亚朵酒店等。所以我们在设计一段旅行体验时，需要不断加入和提高"峰值"，并且其中有一个是落在最后一个体验上，不论是一天的行程，还是几天的一段行程，都适用。

二是创造触动人心的 WOW Moment（哇点）。"哇点"是由惊喜带来的游客情绪高潮点，想要给游客带来惊喜感，就必须使体验效果要超过游客预期。夏季在新疆旅行时经过的那拉提草原有个"天鹰台"，这里游客很少，只需约40分钟便可爬上山顶。若能够在合适的时间登顶，便可看到西面绝美的草原日落。带团过程中，导游不提前透露这一行程安排，而是在晚饭后（夏季新疆日落很晚）将所有人带到山顶。当游客在无任何期待的情况下看到绝美的景色，游客便会经历第一个"哇点"；随后，导游拿出提前悄悄准备好的哈密瓜时，带给游客第二个"哇点"。在鬼斧神工的景色下，品尝着新疆哈密瓜，有种"人间烟火气最抚凡人心"之感。

（案例来源：孤独游塾旅行学院）

美国学者唐纳德·诺曼在《情感化设计》中强调了情感和情绪的重要性，认为在日常的产品设计和传播中要以人类的情感化表达为设计出发点，并不断强调情感因素在产品创新设计中的重要性。我们会发现，一场演讲或是一场脱口秀，重要的节奏设计就是在牵引听众的情绪。以乔布斯的演讲为例，他看似平常的开场，轻松、自在，实则在为最后的情绪高点做铺垫。脱口秀也是如此，如果脱口秀演员最后一句是精彩的 call back（扣题），往往是令人难忘和耐人寻味的。旅游产品可以被看作一场演讲或是一场脱口秀，通过设计带动游客情绪的跌宕起伏。

购物不是贬义词，它本可以很美好。在被扭曲的市场竞争中，一些旅行服务商通过强迫购物的方式进行零负团费的操作。在这一模式中，购物不是游客自愿而为之，而是被迫使然。同时，这些购物店是专门为游客提供的，靠着"宰一个是一个"的想法，将价与值严重不符的商品售卖给游客，使得游客购物的体验感和满意度极差。渐渐地，"购物团"成了"零负团费"的代名词，"购物"也逐渐被污名化。"纯玩团""无购物"成为旅游团的标配，不允许带游客购物成为合规旅行服务商的内部规定，购物成为旅行服务商产品设计中的"禁忌"。一面是旅行服务商谈"购物"色变，另一面是中国游客在境外"买买买"，成为世界各目的地竞相争取的客群。随着海南国际贸易岛的建设，到海南免税店购物成为游客去海南旅行的重要一站。各大社交媒体上，关于目的地的帖子，除了当地游玩点的推荐之外，大量的意见领袖会向粉丝介绍到哪里去吃最地道的小吃，购买哪些特产和旅游纪念品，充分说明，网友对到达目的地之后买什么、到哪里买有很强的诉求。

购物是游客的基本诉求，当我们看到心仪的物品会有想拥有它的本能；当我们到异地游玩，有想要给亲朋好友带当地特产的社交需求；当我们经历了一段难忘的体验之后，便想用独具特色的旅游纪念品为这段记忆证明。既然购物是游客的基本诉求，作为旅行服务商，我们不应该无视它的存在。相反，我们应该让购物也成为旅游体验中美好的记忆。购物体验是一种非常高级的体验，产品设计者要花费大量的精力才能创造出好的体验感。稻草人的"窑火风华"通过专业人士带领游客感受陶瓷文化、体验陶瓷制作、收获陶瓷知识，随后，游客到达文创街区后，往往会根据自己所学，对集市上各式各样的陶瓷作品从美学、工艺、价值等多个层面进行判断，购买自己心仪的商品。在整个过程中，购物本不是旅游产品设计的目的，却自然而然地发生了。游客购买的不仅是纪念品，更是对自己所学所感的见证。在产品中安排集市的原因并不是因为导游想要拿取折扣，而是为了让游客可以买到他们真正想要的商品。游客自愿买到心仪的商品，购物的诉求得到满足，购物的经历值得回味，购物成为愉悦体验的重要组成部分。艺鼎动力创始人根据多年从事北京地接的经验，认为品尝北京特色小吃和购买纪念品是游客到北京旅游十分重要的两项诉求，但是之前却没有人将这两个诉求相结合。对此，艺鼎动力找到相关的美食公司打造属于具有京城特色的文创美食。游客在品尝小吃的过程中，还可以下单购买美食伴手礼。进一步，他们又在各大购物平台上专设网店，进一步满足游客的购物诉求。对于旅游纪念品来说，往往具有极强的地域性，回到家后的游客如果再想购买却无力为之，而网店的开设帮助游客实现再次购买的可能。

事实上，从商业模式的视角看待购物，也不应被污名化，靠购物来弥补利润的低价游产品有其存在的合理性。产业进步是以产品的工业化量产和市场下沉为前提的，不同层级不同类别的产品开发首先要了解其所针对的细分市场的人群特征和消费偏好，既要尊重市场规律，又要防止市场风险。我国旅游业发展四十余年，消费升级的趋势明显，然而，我们也必须要承认，大众旅游初级阶段的特征仍在，我国依然有 6 亿人口月均收入低于 1000 元。这类人群也有出游的权利，也应享受我国旅游业发展的红利，相对低价的旅游产品有着广泛的市场基础。对于任何行业而言，价格都是有效的竞争手段。旅行服务商作为企业，追求利润是本能，面对低价团费造成的利润下降，企业必然会选择通过其他方式进行利润补偿。其实，"羊毛出在猪身上，牛来埋单"不只是存在于旅游行业的商业模式，韩国乐天免税等都采用类似的商业模式。依靠合理的购物、依法的返佣来弥补企业利润，让更广泛的群体可以参与到旅游活动之中，本无可厚非。但低价并不等于可以降低产品质量和服务质量，更不能挑战法律的底线。当前不合理购物团的争议焦点主要存在于两点：第一，强迫购物；第二，所购商品"价"与"值"严重不匹配。对此，旅行服务商应该在与游客充分沟通和告知的前提下，在双方都认可的情况下，在游客自愿的基础上，带领游客去往正规的商店购买商品，并帮助游客做好售后服务的协助工作。

正常的市场需求应该被满足，合理的商业模式可以被应用，但是不能不合理。旅游产品要在合情合法的条件下，满足各方合理要求。不合理低价游一定要禁止，相关行政管理部门要进一步加强监管，加强打击力度，广泛探索利用新型技术手段，只有加强监管，道德才不会被资本绑架。

第二章

客群细分与市场聚合是产品化的必由之路

Chapter 2

The Inevitable Choice for Products:

customer segmentation and re-
aggregation

当前，我国绝大多数旅游服务商已经意识到，不可能同时做所有人的生意，因为任何企业都无法凭借一己之力吸引到市场中的所有消费者，至少，不能以同一种产品或服务吸引到所有消费者。我国有 14 亿的国内人口数量，几十亿人次的国内旅游市场规模，再加上过亿人次的出入境旅游市场规模，如此数量巨大的人群，其旅游需求千差万别，游客的体验过程和评价标准也各不相同。各旅行服务企业所占有的资源以及服务水平和能力也有很大差异，这让他们在对客服务中各有所长。因此，企业提供的产品只能是针对特定人群的解决方案。须得对市场进行有效的切割和细分，将服务的人群固定下来，才可能真正挖掘到差异化的旅游需要，并在深化游客体验方面有所突破。找到对的人，精准定位客群，汇聚同类需求，并匹配高契合度的产品，旅行服务商才能真正解决顾客出行的难点和痛点，并在特定的市场空间中树立品牌影响力，成为小池塘里的大鱼。

一、客群细分：找到对的人并满足其细分的需求

在市场中，企业的目标是创造并维系那些获得了满足并为企业带来利润的顾客，当顾客的需要获得满足时，就意味着他们被吸引过来并留了下来。他们不仅会重复光顾同一条游船，同一家饭店，同一个出租车公司，同一家餐馆，而且还会向其他人传播自己的正向反馈和体验。因此，企业必须首先决定为谁提供服务，这一任务是通过将市场划分为若干细分市场，并选择自己的目标市场来实现的。如果想要为所有的顾客提供服务，反而很有可能谁都服务不好。企业只有选择那些它们能够服务好的顾客，才能获得长久的利润以及生存空间。

（一）从以资源为中心转向以客户为中心

当前中国的旅行服务行业正经历一场从以资源为中心到以客户为中心的深刻转变。过去的旅行服务商，更多依靠对目的地资源的简单拼接以及相对于游客而言的目的地信息优势获取到生存空间。谁掌握资源，谁就是王者，这导致二老资源（老天爷＋老祖宗）富集的地方成为首屈一指的旅游目的地，掌握着机票和酒店等关键资源的旅行社在行业之中可以风生水起。这种模式在中国大众旅游兴起的初期阶段，也就是游客需求高度同质化的时代，具有存在的合理性。以 A 级景区为代表的目的地核心资源搭配不同级别的住宿和交通等资源要素，就成为一条条热销的旅游线路产品。巨大的人口红利哺育了大批销售同质

化产品的旅游企业，他们依靠简单的资源整合即可舒适地生存下去。

然而，当人们旅游经验越来越丰富，体验感知和情感收益成为人们旅游出行日益显性和重要的动机时，依靠简单产品对接所有市场的时代便悄然过去。伴随着旅游消费的不断升级和分层，高达几万元客单价的旅游产品和低至百元以内的旅游线路并存于市场中，人们对差异化产品赋予了不同的收益期待，市场供给自然而然地也走向了层级分化。以资源为导向的简单传导模式，利用信息差获取生存机会的传统模式已经逐渐失去了竞争能力和生存空间。从早期的资源直接对接市场，开始转向通过提供有设计感的产品最终链接到需求的新模式。而有效产品的设计，必须立足于差异化的消费个体。谁掌握着客户，谁就掌握了市场的生存空间。

以客户为中心意味着客户将取代传统资源，成为企业最倚重的发展凭借。因此，需要认真甄别筛选、悉心观察研究、并持续地运营和服务于特定的客户群体。供给必须不断多元化，以应对需求侧的个性化和碎片化。这样的新市场情态为每一个参与到旅游市场竞争中的企业出了一道必答题。那就是，到底应该为谁服务？

（二）谁是我的菜？——细分并甄选客户群体

在营销为王的时代，只有明确了客群定位，才能有精准的产品生产和市场营销。当前旅游领域兴起的私域营销方式或是社群营销理念，其根源都在于对客群的精确定位。六人游公司将客户定位于需要定制出行服务的高端群体，北京日光山谷将市场定位于大都市周边新中产自驾学龄前儿童家庭。bikego（玩不够）旅行公司专注于日游产品，将博物馆大咖说这一深度知识传递产品飨给市场。甄选客户，不仅意味着企业明确了要为哪些顾客服务，还意味着企业知道了不需要为哪些顾客服务。一定意义上来说，知道不需要为哪些顾客服务与知道需要为哪些顾客服务一样重要。那么，应如何甄选到属于自己的客户群体呢？

1. 选好标准，切割市场

将庞大的市场进行切割是选取市场经营空间的首要任务。很多变量可以用来作为市场切割和细分的标准。常用的包括地理的、人口统计的、心理的和行为的变量类型。地理和人口统计等是比较客观的细分变量，也是传统市场细分最常用的方法。但随着需求端对个性化产品的诉求加强，基于心理和行为的主观性变量作为细分依据的有效度得到强化，并受到一些新兴企业的欢迎。爱好户外的、热衷研学的、喜欢摄影的，即便年龄差距很大，地域来源很广，也可能聚合为同一个社群，成为企业重点运营的细分市场。

不同的细分标准在当前旅游市场上被广泛使用着，在实际操作中，企业往往会综合使用多种细分变量对市场进行切割。当前的旅游市场涌现出几个特别值得关注的细分市场，他们的旅游需求非常旺盛，具有明显的心理特征和行为规律，是未来市场竞逐的主要领域。

Z世代：Z世代，也被称为互联网世代，主要是指出生于1995~2009年的人群，即俗称的"95后"和"00后"。在中国，Z世代人群高达2.6亿。这一代表未来旅游需求发展方向的力量，展现出很强的旅游消费刚性。对于他们来说，旅行已经不再仅仅是一种发展性消费，而成为一种必需性的消费。对他们来说，"环游世界"的重要性甚至超过了"组建家庭"这样的人生大事。他们主张极致体验、深度慢游，渴望探索鲜为人知的目的地，获得小众独特的旅游体验。网络社交媒体经常贯穿于他们旅游的全过程，抖音、小红书上火出圈的地方，往往就是他们心向往之的地方。他们对场景的消费以及对旅游产品表演性特质的关注甚至于超越了对产品本身的关注。拍到美美的照片，收获朋友的关注和点赞成为这一群体出行的重要动因。没有太多顾虑，说走就走，更加随意、自我，更追求自由是他们的典型特征。

新中产阶级：目前许多研究机构把年收入超过15万元，或者家庭年收入超过20万元的人群定义为"新中产阶级"。所谓新，并非只在于对收入的界定，也在于这个群体独特的生活方式、教育水平以及价值观念。他们普遍接受过良好的教育，有生活品位，热爱旅行、健身。这一群体大概位于市场头部以下，腰部以上。他们将旅行视为表征有品质生活的方式，愿意为个性化和有品牌调性的产品埋单，千篇一律的传统旅游产品往往不在他们的选择范围之内，颜值和调性是他们进行旅游产品决策的重要依据，他们还崇尚在旅行中找到三观类似的同好，发展有质量的社交。当前市场中火热的精致露营、房车、轻户外等产品，就是他们集中消费和热捧的内容。

亲子家庭：亲子旅游是中国大部分家庭的刚需之一，也是后疫情时代不可多得的风口。根据驴妈妈发布的《后疫情时代国内亲子游趋势分析报告》，2018~2020年期间，亲子游以18.1%、23%、25%的占比递进增长，未来每年亲子游将会保持30%左右的增速。亲子游未来增长潜力巨大，相关产品需要向精细、多元和专业的方向进行转变。"80后""90后"父母是亲子旅游产品消费主力。疫情影响下，周边亲子游市场提升显著。亲子细分市场更加专业，从内容、服务和品牌等多维度共同提升，多元主体入局亲子市场，产品从唯子独尊到"亲""子"并重。亲子市场内部进一步细分的趋势较为明显，0~4岁、4~8岁、8~12岁，以及12岁以上的儿童用户表现出差异化的亲子旅行服务诉求，引发行业更多的细化关注。

女性群体："她经济""她力量"是近年来热度持续上升的词汇。旅行服务市场也深受此力量的影响，女性成为当前旅游市场中的一股关键力量。她们不仅是时尚旅游产品的主要消费群体，还是家庭决策的主要力量。有报告显示，近七成的旅行决策是由女性做出的。她们更容易被短视频等内容"种草"，乐于参与各类直播活动，更易于在直播间内下单购物。非常热衷于有颜值有调性的旅游产品，讲求旅游消费中带来的内在体验和精神收益。

新老年群体：根据第七次人口普查的数据，当前我国已经迈入了老龄化社会阶段，且正在加速向深度老龄化社会发展。老年人作为旅游消费的一个重要群体，将会受到更多关注。他们的旅行没有时间限制，但在安全、舒适和性价比等方面有更高的要求，康养旅居等产品是他们所热衷追求的。老年游客群体也面临着分化，一部分是传统老年人，一部分称为新老年群体，被称为乐退族。传统老年群体更愿意跟团旅游，对安全、价格等相对敏感。而新老年群体更愿意追求年轻人的玩法，不断向互联网的旅游思维转变，他们的消费习惯、产品需求等正在发生很大的变化。而当前，无论是一线市场还是下沉市场，未被充分开发的老年旅游市场还有很大潜力，更高性价比、错峰的以及短途的旅游线路，将会受到这一群体的青睐。

2. 评估与选择旅游细分市场

市场细分为企业呈现出可供选择的各类市场，企业需要对各个细分市场进行评估，进而决定将哪些细分市场作为目标市场。在评估细分市场时，企业需考虑细分市场的规模和增长率、细分市场利润率、企业的经营目标以及对资源的占有情况。在当前旅游需求个性化，供给逐渐多元化的市场条件下，气味相投是旅游企业选择细分市场的重要条件。即企业的调性要和市场的偏好一致，并且企业要有相应的资源和能力来保障对细分市场需求的深度满足。对于很多新兴的中小型旅行服务商来说，企业的调性更多体现为创始人的偏好、兴趣以及经历等与潜在客户需求的匹配程度。新冠肺炎疫情期间，仍有不少旅行服务商的业务逆势增长，其中不乏疫情期间新创立的旅游企业，专注于传播运动生活方式和城市潮流玩法的动觉地球、一脚踏入旅游垂类培训赛道的孤独游塾、致力于提供旅游供需连接平台的未来好宿，无不是将创始人自身的经历和对市场的理解匹配到相应的需求板块，进而成为旅游领域成功创业的典范。

3. 选择价值定位，培育核心竞争能力

选定了细分市场，并不意味着要满足细分市场的所有需求。企业应明确自己的价值定位，即要确定它将要满足的顾客需要或顾客利益到底是什么。服务于同一类细分市场的企业，完全可以有差异化的价值定位。企业应通过对自身资源和实力的充分评判，对现有竞品的细致分析，决定自己存在的核心价值是什么。这一价值定位过程实际上是企业对顾客"为什么我要购买你的品牌，而不是竞争者的品牌"问题直截了当的回答。因为一款产品不可能对接和满足用户的所有需求，所以必须要明确产品所能解决的核心诉求是什么。美国西南航空公司致力于为顾客提供安全快乐的短途旅行经验，他们拒绝顾客希望增加飞机餐饮、书报阅读等额外服务的要求，就是因为他们很清楚自己要提供给顾客的核心价值就是省钱和快乐，多余的服务会引起价格的上涨，有悖于用户的核心诉求。价值定位告诉企业需要解决细分市场上的哪些核心诉求，一切与此核心不相关的诉求将被摒除在外。强有力的价值定位以及由此带来的有限服务，是企业发展核心竞争能力、树立鲜明的企业形象所必须明确的问题之一。

（三）抓住客户的心——深挖需求，精准供给

旅游需求是游客在一定时间和价格水平下所愿意并且能够购买的旅游产品数量，是人们基于身心放松、求知教育等内在发展需要，对外出旅行、参观和游览等相关产品或活动产生的具体诉求。它是以货币化交易表现出来的旅游需要。我们不能从表面上了解需求，否则其千变万化的形式容易让人产生迷惑。我们要从根源上了解人们通过具体的旅游产品消费所要满足的内在需要，并试图弄清楚是什么力量驱动人们愿意离开自己惯常的、熟悉的生活场所，来到陌生的、蕴含着各种未知和风险的环境里。

细分市场为挖掘需求提供了前提条件。当选定了一个或几个细分市场，就需要深度把握其具体诉求和行为规律。需求不是想出来的，而是通过对信息的挖掘采集，并进一步整理后得出来的。所谓对需求的挖掘，就是要逐步明确在什么场景下，用户通过产品做什么事情。旅游者购买旅游产品，其背后有深层的动因。女性购买化妆品，其背后是对美的诉求。年轻人选择打工换宿，其背后是对生活方式的追求，徒步、骑行、登山、潜水等活动的背后，是游客对自

我能力的表达和自我价值的彰显。亲子游火热，根本上是对当前中国社会中家庭关系、儿童教育存在问题的深刻反映。旅游直播的盛行，除了疫情带来的影响，更主要的是迎合了疫情下人们对价格和价值的深层判断。因此，旅游需求需要从显性之表看到内在之本，需求得要面面观，旅游企业要看到用户没有说出来的需求，对其进行分析把握，并提供相应的产品使其得到满足。即便是在供需不对称的旅游市场上，也从来不缺少产品，但好产品在哪里都是稀缺的。而好的旅游产品，一定是洞察到了游客内在需求的产品。

随着我国城市化进程的加快，人们越来越远离自然。尤其是在都市中成长起来的儿童，更多将时间用在了学习和手机电视等娱乐中，缺少了与自然山水的交融与互动。快节奏的城市工作和生活，让大多数家庭的亲子时间十分稀缺，亲子关系日渐淡漠，为孩子的青春期叛逆埋下了伏笔。与此同时，旅行日益成为中国家庭改善亲子关系的重要方式，尤其是在一线大都市，用旅行的方式完成对孩子的教育并改善亲子关系，成为很多家庭的日常选择。其中，都市周边的自然度假产品，因其产品调性高、花费时间少，交通便捷等优势，受到了很多城市家庭的欢迎。每逢周末，一家人一起到大自然中追求放松、学习知识、深度互动，身心得到极大放松，而且相互之间的关系也有了很大改善。

在这样的市场需求背景下，以精细化运营为特色的公司——日光域看准了都市亲子家庭对于自然场景的偏好以及市场中高品质亲子旅游产品的稀缺，于2018 年 5 月，正式投资日光山谷轻奢型自然度假营地乐园，以亲子露营为主要形式，致力于满足都市家庭人群的户外休闲度假需求。在精准客群定位的基础上，开发了系列的深度满足亲子旅游产品需求的项目和内容，并根据人群特点进行精准营销，实现了较高的投资回报。

首先是精准的客群定位。日光山谷自 2018 年开门营业至今，一直秉承创造"用心、有爱"的家庭度假时光，让每一个家庭成员拥有更多陪伴和快乐的理念，致力于服务以"80 后""90 后""00 后"及学龄前家庭、自驾游为主的用户群体，所有服务项目都是围绕这类人群展开。用有限的资源，深挖用户，设计出满足用户深度需求的旅游产品。在占地规模基本在 1000 亩以上的日光系营地乐园中，可以为游客提供帐篷营地、房车营地、木屋营地等不同的住宿体验。其中帐篷营地又细分了不同的主题类型，如户外风帐篷、亲子帐篷等。在餐饮的种类上也尽可能提供不同的选择，如火锅、烧烤、自助、快餐、酒吧、咖啡等。同时，营地还不断整合周边资源，形成了超过 100 项不同类型的娱乐项目，其中约有一半是免费的项目，这让日光山谷成为一个小型的度假综合体。

当客群被精准定位，下一步就可以深度挖掘到客群的内在需求。日光山谷围绕改善家庭中的亲子关系，提供更好的亲子互动场景这一核心目的，持续用产品对接顾客的深层需要。他们将产品分为了娱乐、教育和关系三个层次，并认为真正有效的亲子产品是围绕"关系"做出的亲子产品。以日光山谷的骑马项目为例，他们认为，简单的在草原上骑两圈马的活动是一项娱乐的项目；如果有教练教一下马术，学几个标准的动作，或者与马互动的方式，就会提升为一个教育项目；而如果通过一定的设计，由父母牵马，孩子骑马，让父母在这个过程中，时刻关注到孩子的一举一动和一言一行，多点设计的亲子互动场景让这一产品提升为一项关系项目。相对于娱乐项目对应的表层需求、教育项目对接的功能需求，关系项目对接到的是内在的情感需求。不同的项目内容，给游客带来的体验有极大的差异。同样是骑马，日光山谷提供了一种真正跳脱出表层需要，满足消费背后的隐性需求的产品内容。

精准客群定位还可以让营销更加精准。日光山谷主要针对京津冀地区的新中产、学龄前和家庭自驾游群体，项目设计更有针对性，能够对用户进行精准定位，清楚哪些小区、幼儿园、车企俱乐部是日光山谷的客户，从而便于进行精准营销。

如上所述的众多精细化运营方式，为日光山谷带来了耀眼的经营业绩。2018~2021 年，企业的年度营收从 487 万元增长至 1819 万元，2022 年 8 月，日光山谷单月综合经营收入突破 500 万元。收获 10000+ 的家庭会员，复客率达到 28.3%，其中，有的用户一年内反复光临山谷达到 35 次。同时，日光山谷还带动村民直接就业 82 人（其中女性就业 38 人）、间接就业 300 人；带动周边民宿和农家乐 118 户，产值 2000 万元左右；带动本地农产品品牌化，老百姓每家增收 5 万~10 万元；项目还引入 25 家 IP 入驻乡村，发展乡村产业，包括儿童音乐剧、自然学校、放·城市营地、无动力乐园、自然博物馆、谷朴食物花园等的创新发展。

在日光山谷，因为有了精准的客群定位以及由此带来的深度产品开发和精准市场营销，使得旅游不再只是游览赏景，而是良好的服务体验、健康的度假方式、亲密的家庭陪伴的综合享受。未来，日光山谷更希望通过优质的服务、有趣的产品，安抚躁动的内心，与消费者一起寻找守护自然的意义。

（案例来源：日光山谷）

二、市场聚合：做小池塘里的大鱼，发现新蓝海

赫尔曼·西蒙教授[①]在一个课题中专门关注了全球中小企业里能够在某一市场空间内独领风骚、拔得头筹的企业。因为它们多数并不在大众消费者中有多大名气，所以将它们称为隐形冠军。隐形冠军们具有以下几个特征：高度专业，专注于自己的强项、利基，求深但不求广，坚持自己的道路，绝不多元化。因为极其专注，所以隐形冠军们都特别专业。它们通过几十年如一日的深挖一个或几个利基市场，为自己打造了别人难以觊觎的市场空间，成为小池塘里的大鱼。在我国当前的旅游市场中，尚缺少已经真正可以称为隐形冠军的示范企业，却已经跑出了一批具有隐形冠军潜质的黑马。当下不断分化的旅游需求，也提供了孕育和长成隐形冠军的土壤和通道。传统标准性的旅游市场正在被分化成众多赛道。14 亿的人口规模，年均几十亿人次的旅游出行人数，为每一个赛道都准备了足够的市场空间。在旅游产品从标品走向个性产品的转折点上，未来的隐形冠军或已出现在当前的产业版图之中。

（一）池塘在哪里

隐形冠军的企业试图在特定的行业边界内追求领袖的地位。在说到一般意义的大市场时，他们可能籍籍无名。但在圈定的利基市场上，他们往往是响当当的一号人物。在旅行服务产业版图中，携程、飞猪、中旅、众信等大企业已经独霸一方，广为人知。占据市场大多数的中小型旅游企业，很难在广泛意义的市场上与这些大企业抗衡，但是，他们可以在特定的市场中追求成为隐形冠军。而要想成为隐形冠军，首要的任务就是找到利基市场。

把大市场变成小市场，然后我们当老大。赫尔曼·西蒙教授曾用洗碗机的生产厂商——温特豪德为例，来说明选择利基市场的具体操作。专注于做商用洗碗机的企业温特豪德发现，即便是商用洗碗机市场其实也非常广泛，有医院用的、学校用的、公司用的、旅馆用的、饭店用的以及部队用的，等等。每一个细分市场的需求又不一样。他们最终选择了宾馆与餐厅用的洗碗机，将自己的业务定位为：为宾馆和餐厅提供所有的餐具和饮具，并且负责到底。他们甚至有自己的水处理装置和自己品牌的洗涤剂，确保向客户提供 24 小时的卓越服务。专注的服务使他们在宾馆餐厅洗碗机市场上的全球占有率已经达到了

---

① 赫尔曼·西蒙（Hermann Simon）：德国著名管理学思想家，"隐形冠军"之父，伦敦商学院终身访问教授，哈佛大学（1988—1989）、斯坦福大学（1984）、庆应义塾大学（1983）等著名学府访问教授。

15%~20%，从而成为该领域中"一览众山小"的存在。从温特豪德的案例中可以看到，选对切割市场的标准，并合理匹配自己的优势和长项是关键的操作步骤。旅行服务企业可以从中获得一些启示，那就是在对市场进行合理切割的基础上，尽量选择明确的细分市场，锚定自己的服务领域。市场切割越细致，距离隐形冠军的宝座往往就越近。近年来一些旅游企业已经做出了有益的尝试。北京的日光山谷不仅定位到了亲子旅游市场，还特别圈定了大都市周边、新中产阶层、自驾这三个关键词汇，这让他们可以在面对来露营的年轻情侣提出的意见和建议时，没有迷失自己的方向，因为他们清楚那不是他们努力的方向。在当前的中国旅游市场上，在细分领域中追求领袖地位，刚刚成为一种趋势。对于有进取心的创业者或者是在某个领域中已经积攒了一定经验和实力的旅游企业，可以相对容易地在细分市场中站稳脚跟。对他们来说，最难做的往往是找对合适的领域，并付出数年如一日的坚持，这是成长为未来中国旅行市场上隐形冠军的必备条件。

寻找市场，甚至于自己创造市场。除了在现有市场中寻找细分领域，还有一种更有效的方法，那就是自己开创一片市场空间。掌控一个市场的最好方法就是开创它。因为市场并不是一种先验的存在，在交易发生之前，也许有潜在市场的存在，但只要交易没有发生，谁也不知道这个市场到底是什么。高明的企业是挖掘尚没有交易发生的市场，创造一种新的商业模式或者是服务内容，这等同于创造了一种新的市场空间，给自己开辟了一个完全属于自己的利基市场，在这个市场中，往往根本没有任何竞争对手。例如，去哪儿用空隙定位的方式，开拓出酒店和机票预订比价搜索的市场空间。疫情之下的未来好宿，基于民宿供需两端的行业诉求，推出的民宿卡、民宿护照，进一步将民宿市场逐层细分，创造一种独特的商业模式，改善了供需之间的连接，进而将民宿市场扩容，让需求不断下沉。孤独游塾也是眼光独到的旅行企业，将经营重点放在尚未有多少人注意到的旅游垂直类培训上，致力于为行业赋能和赋智，为自己找到了一种独特的市场空间。利基市场的挖掘，依靠的是企业对需求发现的独特的视角，以及创新性的商业模式。一旦创新了一种新的商业模式，往往意味着对接乃至引导了一种新的市场需求形成。

未来好宿是一个会员制精品民宿度假酒店预订平台，平台专注中产家庭出行服务领域，通过会员制方式为用户提供高性价比的周边度假产品。企业于

2020 年由甄浩和盖书华联合创立，新冠肺炎疫情的突然暴发导致两位企业创始人原来重点关注的出境旅游业务难以为继。当他们将视角转回国内，首先解决的问题，便是寻找市场空间。

第一步，框定目标用户。根据以往的经验沉淀和用户积累，未来好宿仍然将 1975~1990 年出生的家庭用户作为其主要的客户人群。又根据疫情之下的市场变化，将市场进一步锚定在一线城市或者是新一线城市的新中产阶层。根据他们在疫情期间的旅游需求转变，确定将解决用户出行的住宿问题作为其主要的业务方向，并试图用"住 +X"的场景将碎片化的旅游需求整合起来。在这一定位下，逐渐将要做的重点产品放了城市周边。根据目标用户的需求趋势、供需两端的痛点以及商业的发展天花板，他们发现，乡村民宿正进入一个全新的发展阶段，国家乡村振兴的政策利好，供给侧的增长不断加速，用户出行的需求逐渐从观光到休闲度假迁移，这些有利条件使得乡村民宿具备了成为目标用户日常生活方式载体的条件。

第二步，创新商业模式。未来好宿开始思考用何种模式服务于乡村民宿市场。经过市场调查发现，在乡村民宿的供需两端都存在一定的痛点。用户侧选择乡村民宿无论是价格还是选择的时间，门槛都比较高；而民宿主的收益能力是最大的问题，这其中超低的入住率是阻碍民宿收益能力提升的关键。大量的民宿入住需求缺少合适的产品匹配，而民宿主因为市场把控能力、经营水平以及顾客入住的季节性等多种原因，盈利情况十分堪忧。因此，他们开始将降低用户的选择门槛、提升民宿的入住率当作主要的突破点。经过系统研发，他们推出了第一代产品——民宿任住年卡。任住年卡可以通过一次付费获得一年范围内的不限次入住权利。这让用户感到了价格上的极大优惠，刺激了多次其入住民宿的动机，也为民宿主提高了经营利润。这一商业模式十分巧妙。它并非投资者到乡村民宿去做重资产的运营，也不是简单地组织游客前来乡村民宿入住和体验。而是基于供需双方存在的痛点，用民宿年卡的形式，让供给和需求同时获得实惠。这一操作也为未来好宿自身开拓了一片新的市场空间。作为这一市场空间的开拓者，即便是有后来者仿效和进入，未来好宿也已经奠定了市场初创和引领者的地位。经过一段时间的运营，民宿任住年卡的商业模式逐渐显露出了一些问题。如用户需求是开放式的，这意味着民宿的供给量要和用户量有配比。定量的供给和开放式的需求，带来的结果是用户需要花较长的时间去"排队订房"，这在用户体验上是一个很大的不友好。要解决这个问题，要么把供给量放开，要么控制需求量。经过反复的推演和设计，未来好宿将民宿任住卡升级到了 2.0 的民宿护照版本，即用较低的价格购买一份民宿入住的权限。在这一模式下，用户仍然能用较低的价格享受到高品质的民宿。而住一晚付一晚的费用意味着供给侧可以敞开供应，从而解决了在 1.0 阶段的最大痛点。通过系列操作，未来好宿将更多的客人带到了乡村民宿之中，也为乡村民宿主开拓多元化的经营提供了客群基础，从而提高了民宿的收益能力。

　　总结来看，未来好宿进入乡村民宿市场，并未盲目入局，而是认真分析了行业供需两端的情况，避重就轻，选择了一个市场空隙，创新了一种商业模式，将民宿这一非标产品标准化，让用户的选择更简单；用一张年卡和护照，让用户选择乡村民宿的成本大大降低，从而提高了民宿的入住率。而下阶段的工作重点，是培养民宿主的收益能力。通过在惠及供需两端的操作，未来好宿也在不断做大自己的市场，让自己可以畅游于一片市场蓝海之中。

（案例来源：未来好宿）

（二）大鱼的养成之路

　　要有成为大鱼的野心，并不断培育成为大鱼的实力。一个人当下立在何处并不重要，重要的是他将去往何方。生活的源头往往是我们的幻想。隐形冠军的目标看上去往往像是海市蜃楼，但是假以时日，当时的那些思想、言辞和心中的图景真有可能一步步成为现实。众多隐形冠军的实例告诉我们，只要自己不放弃，就没有人可以打倒你。要成为利基市场上的大鱼，就要有成为大鱼的野心，并长期深耕于特定市场，培养别人难以跨越的核心优势，并坚定不移地沿着战略主攻方向前进。

　　市场定位精准，经营高度专注。深思熟虑的专注是隐形冠军们前进的力量来源。把一件事情真正做好、做透，专注于自身强项实现跨越和发展，从而树立起坚不可摧的行业专家形象。隐形冠军把它们的市场定义得非常窄，强调在某个市场上的高度专注，才能达到很多其他人难以企及的高度。企业要坚持有所为有所不为，除了知道有所为的地方在哪里，还要知道有所不为的边界是什么，坚决地拒绝一些额外利润。凡是会模糊自己企业主导方向的选择，都应该是被拒绝的。在经营中，要追求的是产品的深度，而不是经营上宽度，要做到这一点，就必须要有一个坚定不移的战略焦点。

　　权衡"宽"与"窄"，挖透利润空间。所谓高度专业化的狭窄定位，是指在产品、技术和客户需求的界定方面，要专注和深入挖掘，但在商业活动所涉及的地域分布等方面，则可以选择宽广、博大，甚至于放眼五洲。当一种商业模式被印证为有效率、有效益时，可以在不同的区域内进行复制和推广。因为不同行业、不同产品之间存在的壁垒要远高于地域可能带来的壁垒。这种将宽和窄进行的组合会带来一系列有意义的启发。对于小市场来说，哪怕是非常狭小的利基市场，一旦在地域上进行扩张，规模就会变得可观起来。嗨 King 营地利用两年时间在全国扩展了近百家营地，进行类似模式的输出。bikego 的大咖说产品覆盖的博物馆已经拓展到了 40 多家。正是对隐形冠军经营中"宽"和"窄"的实践解读。

把利润作为结果，而不是经营的唯一目标。旅游服务业的管理人员有时会将利润列为首要目标，而顾客满意尚在其次，这种态度会葬送企业，因为你会发现，回头客越来越少，口碑越来越差。成功的企业往往会发现，最好把利润看作良好的企业经营的结果，而不要把它视为企业经营的单一目标。因为一个企业若能满足顾客的需要，顾客就会为产品支付一个合理的价格，而一个合理的价格就包含了企业所期望的利润。对于隐形冠军来说，他们的主要卖点是极高的内在价值，而不是价格。

建立用户信任，充分发展黏性。高度的产品和服务的专业性使得隐形冠军的产品较难被替代。长期运营后，客户对公司会逐渐建立起依赖性。而对于公司来说，他们专注于较窄的市场范围，因此，也对客户具有很强的依赖性。因此，对于隐形冠军来说，他们和客户之间具有较强的相互依存的关系。在当前的旅游产业发展中，建立起用户信任，需要从产品本身和客户运营两个方面做起。产品是供给对于需求最直接有效的语言形式，良好的产品永远是用户评价供给者的第一尺度。客户是稀缺资源，客户关注度或者是说流量走向是当前我国旅游企业竞逐的核心之一。各种公域流量平台和私域流量通道，是当前旅游企业获取和运营客户的重要手段。而对于隐形冠军来说，将公域流量引入私域范围，并且花大力气运营专属客户，做好客户关系维护和管理，是其最倾向于采用的方式。疫情期间的实践经验表明，私域客户在每次疫情暴发后的恢复总是快于公域流量的客户。对于企业来说，公域流量转私域，私域群内重运营，打造精细化的社群，是当前助力其成为隐形冠军的重要途径。

第三章
好的产品需要与用户的连续性交互

Chapter 3

Good Product: continuous interaction

with consumers

　　无论从用户角度还是员工角度，旅行服务商最重要的资源是人，旅行产品的背后是"内部人"（员工）与"外部人"（用户）的连续性交互。近年来，游客越来越注重产品是否匹配自身需求，是否有良好的体验与服务。移动互联网打破了时空的界限，让游客有更多机会感知、获得更多高质量的旅行体验。而疫情又把出行限制在更小的空间范围内，从 2022 年中秋、国庆假期观察来看，游客平均出游半径和目的地平均游憩半径均同比收缩，客观上促进消费者对旅行体验的更高要求。我们注意到，疫情下的热卖旅行产品更加重视与用户的交互，力求精准解决动态变化的需求痛点，把服务做好。更多优秀旅行商在坚持长期主义，聚焦用户终身价值，构建更多元深入的用户关系，在此基础上"发现新机遇，创造新模式"。

一、好的产品需要与客户持续沟通

　　产品设计与运营推广之间相辅相成、相互依存、缺一不可。在信息数据爆炸式增长的今天，人们虽面对海量信息但注意力又十分有限，不痛不痒的产品信息很容易被用户过滤掉。再加上旅行产品的无形性、易模仿、先购买后体验等特性，运营的重要性更加凸显。持之以恒地优秀运营才能让产品触角延伸到匹配的游客群体。

　　对于旅行产品而言，产品本身就埋下了运营的种子。让用户拥有更便捷、更直接、更稳定且高质量的产品体验是运营的初心。产品中的精选资源、精心设计和精致服务是传播的天然素材，产品主图、彩页、详情页、小视频等是运营的理想工具。产品目标客群的定位和维系是运营的核心工作，从旅行的咨询沟通到达成交易，再到行前提醒、行中追踪、行后反馈，再到客户全生命周期的互动服务都显示了运营领域的精耕细作。每一个环节都具有充足的想象空间。当下旅行商基于促成交易的单点或散点实践较多，但全面实践的企业并不多见。

1. 私域流量是企业竞争优势的密码

　　私域流量运营成为当下活跃旅行商的标配，私域运营能力成为重要竞争力。旅行产品和客户的沟通不再囿于纸张和文字，千变万化的屏幕也承载着多姿多彩的体验。旅行商在微信、抖音、快手、小红书、微博等全网不同平台建立矩阵账号，通过品牌自播、网红热播、短视频、图文信息等，介绍品牌文化、旅行趣事、极致体验或发布嵌入式广告，吸引对主题内容感兴趣的用户，在维护私域流量池的同时，实时更新、补充与完善产品信息。近年来，随着入局私域的平台和旅行商增多，私域的服务生态逐渐丰富和完善，倒逼私域运营能力的提升。旅行商积极探索从公域到私域的转化路径，不断实践 AAARRR（认知 Awareness、获取 Acquisition、激活 Activation、推荐 Referral、留存 Retention、收入 Revenue）（图 3）的用户运营思路，更有业者在流量增加的同时开始聚焦用户运营，不断提高需求洞察、客群锁定、场景匹配、深度服务等精细化运营能力。无论私域还是公域，唯有实现"流量—用户—产品"的运营闭环，才能在流量池里游刃有余。当然，这要求企业在图文视频编辑与处理、内容生产与分发、数据分析与优化等方面有很强的学习能力、突破能力，这也正是新时代旅行商不断增强核心竞争力的必经之路。

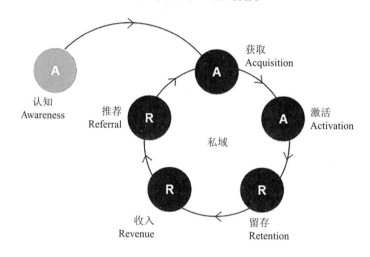

图 3　AAARRR 用户运营模型（来源：麦肯锡）

产品是基于人群定位、资源匹配的，而运营一定是基于产品的运营，因此运营要考虑到人群、资源等因素，同时要使用渠道、媒体等方面的专业技术。包括员工时间在内的企业资源都是有限的，如何将有限资源分配给精准客户群是运营的关键。精准用户和非精准用户的需求具有更强的异质性，聚焦精准用户才能实现客户满意和产品升级的良性互动，创造最大化的价值。例如，日光山谷在收集和处理客户意见或诉求时有两个基本原则：一是甄别客户，精准客群的反馈要在规定时间内处理或完善，而非精准客户群的意见则不予理会；二是不花钱（花小钱）解决客户需求，虽不花钱但是要花心思，要让客户感受到用心。我们也看到，从运营范畴细分延伸出来的新媒体运营、用户运营、产品运营、社区运营、内容运营、活动运营、社群运营等众多称谓，都显示了运营的丰富内容和技术门槛。善于学习的业者也在尝试用各种数据化和数字化工具为自己赋能，社群运营要用八爪云，抖音、小红书运营要用蝉妈妈。所有这些都在为实现产品和用户之间紧密而高效的连接而努力。

优秀旅行商的运营认知在不断升级，不是简单铺货交易、种草割草，还在基于不同渠道的差异性进行精细化运营。旅行商近年来除在实体门店的投放产品之外，也在携程、飞猪等OTA上线产品，并积极尝试获取抖音、小红书等社交平台的巨大流量。随着实践的深入，旅行商对不同平台用户的特点和购买逻辑有更充分的认知，不同的产品和资源要匹配不同的平台和销售模式。携程旅行、飞猪旅行等OTA平台的特点和用户画像各异，OTA平台与社交平台的流量也有较大差异。OTA平台的客户基于购买目的（已了解产品信息或已被种草），出游目的地和选品范围较为明确，运营的目标是努力通过专业知识、详情页、客户评价等各种说服工具最大限度实现自助下单。而社交平台吸引的流量则具有强烈的社交属性，需要更多的人工服务，要经历从建立信任到需求确认、达成交易的完整过程。这可能需要更多更善于沟通的"客服人员"，更具广度和深度的后台产品，以及高质量高频次的内容输出和品牌露出。长线旅游产品的直播销售目前还没有成熟的模式，而有价格锚点、决策门槛低的酒店、门票等接待资源的直播销售则有较多成功案例。当然，也有业者的直播"销售"并不是以成交为目的，而是重在品牌宣传、品牌曝光、增加服务和沟通渠道。飞猪旅行等平台也在不断向交易的前端延伸，协助旅行商进行公域引流和私域运营，联合万豪探索实践的"从公域到私域　从流量到用户"模式是业内很好的借鉴。

近两年来我国酒店业进入了数字化加速发展期，构建属于酒店的私域流量池，加速推进直营模式，是行业数字化发展的必然趋势。其中，与数字旅游平台共建官方旗舰店是更高效且更具性价比的一种直营模式，绝大多数酒店集团已与平台打造官方旗舰店。万豪集团和飞猪于2017年开始官方合作，并开设万豪飞猪官方旗舰店。特别是2020年以来，双方合作探索实践了"从公域到私域，从流量到用户"运营模式。截至2022年7月，飞猪为万豪带来的会员客户超过1000万，会员交易占比超过90%，在万豪飞猪官方旗舰店粉丝数量超过400万，并且会员购买频次和金额不断扩大，实现了销售量、私域流量的双重增长。全面实现会员互通。所有飞猪会员直接成为万豪旅享家会员，实现会员体系上的全面互通和积分兑换，使消费者享受到更好的权益，从而产生更强的黏性，同时也让更多万豪能利用数字化手段在会员体系内更精准地运营用户，形成自己的网络效应。基于相对低频、非刚需的产品特征，万豪充分利用飞猪连接饿了么、淘宝、钉钉、高德、88VIP 等阿里流量体系，同时开启与支付宝的合作，基于各种场景实现"破圈"和"圈粉"，搭建并不断扩大私域流量池。加强以旗舰店为中心的运营体系建设。飞猪万豪国际旗舰店成为万豪在中国的直销渠道，可提供在全球 139 个国家由万豪国际打造的超过 8000 家酒店的专属体验。通过旗舰店可以使用住宿、美食餐饮以及 SPA 等休闲娱乐产品的一站式线上预订和服务，同时实现与酒店周边玩乐资源的连接和推荐。通过飞猪的内容矩阵如直播、图文、达人等多种方式促进客户活跃度。通过飞猪平台数据，找到找对用户，精准锁定目标客群。比流量池更重要的是使用流量的能力。在飞猪框架内，公域流量的价值，最终将为私域流量的转化服务。从运营形式上看，由商家将"官网"以店铺搬入公域流量平台，从经营的角度出发，这样的叠加比推广一个单品牌的私域更有效率。在此过程中，飞猪承担了技术服务者的工作。在"双十一"等大促场景下，通过电商直播、达人带货等形式，旅行产品在飞猪实现销售额的快速增长。与此同时，其在飞猪旗舰店的粉丝数量同步飙升。以旗舰店为基础，飞猪助力企业通过打造标杆产品，定义自己的产品、差异化服务，将平台作为"圈粉"和粉丝运营的主阵地；飞猪将通过数据为商家精准匹配流量，进而帮助商家将这些流量完成从公域到私域的转化；同时实现阿里生态系统全渠道、全场景的覆盖。这种"从公域到私域，从流量到用户"的运营模式将助力旅行商持续创新产品与服务体验，不断推进整个旅游行业的运营数字化征程。

（案例来源：飞猪旅行）

2. 旅游产品不仅是线路，也是旅行的生活空间

优秀旅行在基于共生理念和用户需求突破地域和圈层的界限，进行更广泛场域资源的连接和运营，打造立足自身项目的微型旅游目的地。随着疫情下近程旅游、本地休闲、家庭自驾、自助旅行的兴起，旅行商不再局限于自身项目的地域范围，而是以多样化、个性化用户需求为中心进行内部的产品配套升级和外部的资源产品转化，形成游客的美好旅行生活空间。我们注意到，这些项目基本形成了产品交付区、核心活动区、周边游憩区"三区"互动融合，旅行

商不是单体发展而是在复杂多元的旅游系统中找到找准价值立足点，促进共建共享共生旅游生态的构建。

与当地居民的深度互动、赋能是他们的共同特征，旅行活动成为多方资源链接的纽带，旅游的带动作用得到充分发挥。例如，匠庐·阅山、匠庐·村晓等民宿均是租用村民的民房改造建设的，从选址、规划设计、建设装修到后期运营都会注重当地文化的保护传承利用，而且鼓励本地居民参与服务运营。日光山谷营地乐园将周边50公里范围内所有可玩的项目梳理出来，串联各类优质旅游资源形成线路、详细攻略并提供救援体系，已完成16条周边"野生"线路、30种不同农趣体验项目开发以及50种属地农产品创意研发。未来好宿2.0要通过推动民宿消费场景的打造，带动会员在民宿场景的餐饮、活动、土特产等的消费，未来规划更是让未来好宿走向未来旅行，打造成包含旅居康养、亲子研学、原生态农业、度假旅行等生活度假品类在内的会员平台。

2020年疫情限制了跨省游、国外游，于是城市周边游火热起来。嗨KING营地创始人利用周边游的"微度假"模式，建立了市场上缺少的既可以玩，又可以住的网红场景——户外精致露营。

嗨KING野奢露营地拥有非常好的亲子环境和共享的户外运动空间，包括山林与草坪。嗨KING深刻理解营地的内容大于场景，因此更注重内容的合作伙伴。嗨KING营地在全国拥有一定的知名度，并擅长流量的运营，因此它不仅能够为机构提供优质的户外运动空间，同时还能加持精准的客户流量。营地开放的自然环境和空间，除了拍照、打卡，还能组织和创建多样的户外体育活动，如山野徒步、腰旗橄榄球、飞盘、棒球、捞鱼等户外运动，嗨KING营地围绕着这一属性，对营地的软件和硬件服务进行了一个升级，打造了一个户外更有黏性的运动娱乐空间。

嗨KING野奢营地，已经打磨出一套相对体系化标准化的运营管理方法，在不到两年的时间，已经在全国范围内开设了十几家直营营地，一部分单体营地的营收已近千万元。

（案例来源：嗨KING野奢露营）

3. 重投资 VS 重运营
我们注意到，有运营专业积累并积极转型的旅行商正在拥有更多市场机会，通过产品和运营倒推投资的项目也更加稳健。受疫情叠加当下经济环境下滑的影响，文旅亏损项目、不良资产进一步增多，企业对新项目投资相当谨慎。对于大型文旅建设项目，一方面，各地应因地制宜，科学规划，全面考量，谨防盲目上马、同质化建设等问题，另一方面，不良资产项目的健康运转成为迫切要解决的问题。在微度假、露营、研学等细分领域具有运营能力的企业得到了地方政府的关注和青睐，也获得了市场和资本的认可。疫情后成立的嗨KING野奢营地就是基于原先旅行社、户外拓展的行业沉淀和旅游电商运营的专业优势转型户外精致露营细分市场，在空间设计、氛围营造、活动设计、体验设计方面形成了标准化基础。嗨KING在全国通过自营、加盟和合资托管等方式建设了数十家营地，其中包含多个景区类运营不良项目。同为户外露营企业的大热荒野创始人团队则主要由疫情前做出境游的业者组成，也探索了营地管理的规模化、标准化发展。依托独创的"休眠资产激活模型"和日光山谷等旗下项目的良好运营口碑，日光旅文选择与当地政府或地产商等合作，主要针对已完成部分基础配套项目开发但运营欠佳的文旅项目，前期单体营地项目投资控制在 2000 万~5000 万元，2020 年以来也与国企或国有平台公司签订并启动多个轻资产运营项目，实现在建项目目的地的持续扩张和在运营项目的逆势上扬。即使在重投资的文旅地产领域，同样也显示出运营的重要作用。从传统地产项目"被迫"转型文旅地产的阿那亚小镇项目就是很好的例子。

把地产项目做成运营型是项目成功的重要因素，生活在阿那亚朋友中和朋友圈里的阿那亚人，都是最好的传播主体和对象。

从 2014 年年底开始，阿那亚开始建立业主群。最初的目的仅仅是更便捷地解决一期交房时可能出现的各种质量问题，防止业主出现大范围的退房潮。为此，马寅亲自任群主，接待业主大事小情的咨询和投诉，同时保证第一时间加以解决。

短短一年时间，这个微信群从处理投诉转变为了业主的交流平台，如今第一个业主群已经满 500 个人，第二个业主群也快 500 人了，业主还自发分化出数十个兴趣群，从公益、话剧、时尚、投资，到美食、团购，包括业主的互助群……业主们在群里共同商议公共事务，寻找同好，结交朋友。此时，业主买了房子之后，不仅拥有房子，最重要的是他拥有了一帮新认识的朋友，这些人都成为业主非常重要的亲密的邻居。在阿那亚，大家在群里相互交流、相互认识，甚至很多人根本没有见过面，但已经变成了非常亲密的关系。

阿那亚的社群甚至已经成了一个资源整合平台和社区自治平台。比如，阿那亚的所有工程，同等条件下优先给业主来做，这时候，在这里，业主不仅是业主，还可以获得事业发展的平台。例如，阿那亚的酒店项目，有业主非常感兴趣，拿出几个亿跟投，成为合伙股东。作为先锋性和实验性的未来型社区，社群是阿那亚的灵魂，人们基于相似的价值观和人生观走到了一起，通过微信群联结了彼此，从线上走进了真实生活，建立深厚的友谊，开启新的人生状态。

（案例来源：课题组根据相关资料整理）

二、与用户一起价值共创

《"十四五"旅游业发展规划》提出"旅游是一种生活、学习和成长方式"的理念，而无论生活、学习还是成长，都对旅游中的用户参与提出了更高要求。随着旅游活动、本地休闲和异地生活边界的日渐模糊，旅游组织方、接待方和参与者角色的互补融合，以流程再造、场景营造、内容创造、体验精造为核心的游客参与机制正在不断完善。

1.全流程参与

旅行产品是面向"人"的产品，更多旅行商不但在产品开发中践行服务设计、体验设计的基本理念，而且通过各种方式鼓励游客全方位、全过程参与。在研发阶段，用户可以是灵感和需求提供方，事实上很多定制旅游、私家团、小包团本身就是如此，某种程度上是旅行企业和用户共创的结果。进行产品内测的旅行商，多数会定向邀约、线上征集优质客户参与其中，还通过自媒体、社交媒体等进行直播，全程关注、记录和分析用户反馈等。产品销售时，无论线下还是线上，旅行服务商均会通过行程单、图片、视频等多种工具对产品细节进行呈现，甚至通过导游连线、领队直播等方式提升购买体验。产品交付过程也是旅行服务商与客户共建共享的一段美好生活经历，好产品、好用户、好服务缺一不可。最后的体验和服务反馈则可能成为游客的自发行为。全方位的参与机制其实是在潜移默化中赋予了用户归属感，产品不再是"你的、我的"产品，而是"我们"共同的旅行经历，旅行商和游客之间也不再是单纯的服务和被服务的关系。一旦唤起对产品的归属感，可以大幅提升用户黏性，用户也有可能成长为"意见领袖"或"产品代言人",直接引发自然分享,为产品带来更多用户。这种连续性交互能拉近服务提供方和接受方之间的距离,减少信息不对称带来的冲突,从而增强对旅行产品价值判断和意义认知的一致性。

2. 多向度互动

旅行产品与用户的互动是立体的、多维的,众多创新型旅行商在探索实践更细颗粒度的用户互动,或者赋予互动行为更深刻的意义。上海春秋国旅邀请参团游客"挑刺"的"啄木鸟"工程,"bikego玩不够"鼓励游客参与旅游服务和体验设计的"共创大使"计划都是在产品完善升级中的用户互动。从旅游活动中的导游角色来说,稻草人称之为"Giver"(热爱旅行,乐于分享),bikego称为"G.O"(当地玩伴),还有旅行商邀请文化讲解者承担产品中的专业讲解分享,这些都是业界对导游和游客互动的创新实践。在当下热门的微度假、露营场景中,同样不乏通过现场活动来增进游客互动、引发共情的范例,日光山谷的C.C(Camp Coach,有创新力的组织者)是孩子们最具智慧的玩伴,在组织最大限度地授权下第一时间解决游玩问题并提供现场惊喜服务(体验),嗨KING组织架构中C.A(Camp Angle营地天使)的核心职能是策划营地活动,保障用户的优质露营体验。匠庐旅行的"超级店长"计划、未来好宿的群主招募计划,则鼓励用户参与到实际服务工作中,形成"民间力量"与企业组织机构的互补互动。基于游记、旅游攻略分享的马蜂窝则是充分挖掘并创新满足游后用户与用户之间分享、互动需求的代表性企业。还有不少旅行商还通过"家访""入户做客"等活动,鼓励游客与旅游目的地的"主人翁"连接,沉浸式体验异地生活;通过组织奉献爱心、关注环保、参与公益等活动,促进游客与目的地环境的互动,推进可持续旅游。

3. 深层次交互

旅行过程(旅行产品的交付)是各种场的交互,每个人周围都存在能量场,在同一个空间内不同的心理场会影响彼此的心理。在旅游空间的能量场中,人们同样会感受到他人的情绪起伏,获得旅游的快感不仅来自看到的风景、获取的信息,也来自现场的氛围。科技发展给人们提供了似乎可以很轻易地交到朋友的广阔社会交往空间,但实际情况却是,人们沉迷于虚拟社交软件和流媒体平台,削弱了现实生活中的联系,与朋友家人等外部世界的情感交流对大多数人来说都是内在需求。在产品交付过程中,大多数旅行商往往聚焦在房、餐、车等硬件资源上,而忽略了用户心理的软性层面,关注旅行产品空间上的旅游线而忽略了游客的情感线。与熟人社交相对是强关系链，陌生人社交是弱关系链或无关系链。用户之间要从构建人设、匹配筛选、社交破冰中建立社交行为。而旅行产品恰好可以成为陌生人社交的载体，也成为疫情下周边游产品创新的重要方向。我们注意到，已经有创新型企业尝试通过旅行让游客获得深层社交体验、情感体验。无论露营场景中的拓展、破冰等，还是"潮流运动＋旅行"主题产品的飞盘、腰旗橄榄球、桨板等活动，都是服务者与用户、特别是用户与用户之间的深层次交互。将瑜伽融入旅行活动中或者组织瑜伽静修团更是强化游客与大自然、周围环境的深度交互。

我们会发现，高质量旅游带给游客的不再只是美丽风景，而是健康、舒适、平和的生活方式；很多旅游活动已经不是从时间、空间、接待标准等单方面地表达美好旅行，而是关注到"人"（游客）的内心世界、情绪能量和情感疗愈。这可能也是为什么很多爸爸在日光山谷骑马体验活动中，牵着孩子的矮马走完30分钟后潸然泪下的原因。这就要求我们旅行商在产品交付、旅行实施的过程中，关注用户的内在需求、深层次需求，抽离共性的需求并不断满足。这是服务能力的螺旋式提升，也是产品护城河的强力构建。长此以往，更细分更精细化的旅行体验将不断涌现，我们也会发现优秀的旅行商不再是过去的样子，而真正成为"旅游者所定义的旅游业"中不可或缺的一员。

服务是永恒的话题。互动是为了服务，也促进了服务，这是运营也是流动的产品设计。旅行产品的设计需要在运营中实现和升华，而随着运营中亮点的不断凸显和聚焦，又反哺到产品设计中，成为产品的基本元素，二者相互给养。核心追求还是以用户为中心卓越的旅行服务体验。当然，卓越服务不是一蹴而就的，关键的起点在于关注用户、洞察需求、付诸行动，解决顾客旅程中的点滴问题。美捷步（Zappos）是一家提供网络售鞋服务的电子商务公司，它就是依靠对卓越服务的不断追求而取得了巨大的成功。

美捷步有一个"三双鞋"服务条款，鼓励顾客一次定购三双不同的鞋子，让顾客可以在舒适的客厅里，搭配三套不同的衣服试穿，然后把不合适的鞋子都寄回来。这些全都是免费的，顾客不需要为此承担任何风险。这个条款成了这个公司的核心竞争力。

美捷步把核心竞争力的发力点聚焦在顾客服务和顾客体验上，通过让满意的顾客、超出期望的顾客、快乐的顾客来为它做免费的口碑性宣传扩散。美捷步最大的利润来源是对它的服务满意的顾客。

美捷步始终把关注点放在发展客户关系和建立客户信任之上，通过传递极致的服务体验让美捷步与众不同。他们有一句话非常有意思，叫作"超出所有顾客的期望，服务到让顾客绝望"，下面是他们的几条服务法则：

法则 1：如果顾客订购的鞋子已经销售完了，美捷步鼓励客服人员至少在 3 个其他售鞋网站上寻找相关信息，并将资讯反馈给顾客。

法则 2：为了降低顾客购物时的决策阻碍，美捷步为每一种鞋子都拍了 8 个不同角度的产品展示照片，让顾客可以更全面更清楚地了解想要选购的产品。

法则 3：为了让交易变得简单，美捷步为那些可能犹豫不决的顾客提供 365 天内都可以退货的政策。

法则 4：提供免费的双向递送服务。

美捷步把用于购买电子商务流量、宣传、广告代言等市场和公关传播的费用全部取消，拿来专门补贴客户服务，从而把用户的体验和忠诚做到极致。美捷步自己也表示："我们不是一家电子商务公司，也不是卖鞋的公司，我们是一家提供客户极致体验的公司。"甚至它的创始人、CEO 谢家华认为客户服务不仅仅是一个部门的事，而应该是整个公司的事，是所有员工都应该涵盖的工作。

很多电子商务公司难以与顾客进行接触，客户投诉也是转移到电话服务中心。而美捷步的电话服务中心是它的核心运营部门，美捷步称其为客户忠诚小组。电话服务中心的运作模式是每周 7 天、每天 24 小时提供服务；不考核电话通话时长；不向顾客推销东西；只关心呼叫中心的员工是否达到，或者超越了每一位顾客的期望；鼓励员工每次通话时都发挥自己的个性，与顾客建立情感联系；把与顾客的每一次通话都看作建立服务品牌的关键投资；客户的投诉是"三双鞋"的另一次表现机会，另一次超出客户期望的机会；向每个人都提供最好的服务，无论是顾客、员工，还是供应商。

1999 年上线以来，美捷步到 2022 年已经成为网上卖鞋最多的网站并以 8.5 亿美元的价格卖给了亚马逊。美捷步从诸多电商中脱颖而出的核心因素是有一群支持美捷步的粉丝，一群喜欢美捷步独特体验的顾客，一群尊敬美捷步的顾客。美捷步从电商当中脱颖而出是互联网领域创造客户体验、以客户体验来作为核心竞争力的经典案例。

（案例来源：课题组根据相关资料整理）

第四章

变革生产方式，推动旅游产品持续创新

Chapter 4

Sustainable Innovation of Tourism

Products: transformation of the

production mode

　　产品是旅游企业赖以生存和发展的基础。早年旅游企业的产品普遍非常简单，其业务基本围绕旅客从出发地到返回地的线性需求以及在特定空间的生活需求进行，其产品的概念仅仅是将各种要素简单组合在一起，并以团体和包价的形式为游客提供观光、游览、住宿服务等。

　　随着科技的进步、消费的升级、个人化旅游时代的开启，曾经粗放式的将各要素打包出售的产品模式和服务形态早已被精细化、现代化的产品研发方式所替代，一波又一波的疫情让我们看到了旅游行业的脆弱性，同时也推动并加速着行业的转型和变革。旅游企业也开始用新的思维、新的模式来适应市场的变化，主动从商业思想、市场调研、业态创新等方面形成现代化旅游产品的生产方式和旅游者能够感知的服务品质。在需求端，围绕强大内需，不断拓宽自己的业务边界，向内发展；在供给端，打造个性化、特色化的产品和服务，增强竞争能力；同时，积极探索跨界融合和数字化转型在旅游产品上的创新空间。

　　没有一成不变的消费者需求，也没有一成不变的旅游产品。在需求碎片化和供给分散化的当下，旅游产品的品类不断细分，自助游、小团游、特色游、深度游、健康游、智慧游等成为游客出行的重要考量；以文化、体育、研学、康养、生态等多种形态的跨界融合为旅游产品拓展出更多的可能性。旅游从业者也正在构建"为旅行生活提供专业服务"的从业理念，用现代化新型的生产方式规划设计更加多元化的产品来满足日益挑剔的旅游消费市场。

一、现代化生产方式是旅行服务产品创新的根本保障

　　需求的个性化和多元化，推动旅游企业深耕产品端。在"互联网+"的时代下，人们的需求开始改变，从生存需求升华为精神需求，在旅游行业表现为一个旅游产品不仅要满足消费者食、住、行、游、购、娱六要素的消费需求，还要满足消费者对于服务质量、体验和社交互动等个性化需求。过去通过团体和包价的形式为游客提供观光、游览、住宿服务等的简单产品组合已不能满足如今消费者的需求，必须要开发出满足不同层次消费者的创新型产品和服务。近三年的疫情倒逼旅游企业主动变革，深耕产品和服务，从产品设计到推向市场，不断迭代升级。如飞猪的"奇妙之旅"，美团的"美好生活新地标"，携程的"超级目的地"，去哪儿的"人生第一张机票"等新产品和新服务成为旅游市场的新亮点。旅行服务商针对跨省游熔断的状况，不断挖掘"本地游、周边游"

等旅游资源，开发创新型的旅游产品。春秋旅游、上海中旅、马蜂窝等旅行服务商充分发挥深耕本地场景的能力，突破"身边无风景"的传统认知，改变了拼凑资源的粗放生产模式，针对游客个性化、碎片化的需求，主动探索"本地游"产品的深度开发，并及时切入短途游，形成"城市微旅游""周末请上车"等系列产品，受到本地市民和外地游客的双重青睐。"双减"背景下，研学旅行热度不减，bikego 这家以户外日游类产品为主的公司精准捕捉到了市场需求，开发了"大咖说"——博物馆深度讲解产品的供需对接平台，成为热门的创新产品。

为满足用户个性化、差异化旅游需求，飞猪于 2022 年推出新品栏目——"奇妙之旅"，每周探索小众目的地的旅行玩法，同时匹配"精选奇妙好货"。从 7 月开始，相继推出大自然的探险家、闯入童话世界里、好似有神仙居住、第二眼海南、神奇动物在哪里、睡在风景里、这里秋已至、奇妙江南夜、秋风起秋色浓、那就去沙漠吧、假期的第二课堂、吃货的快乐老家、奔赴一场山海、秋季不扎堆露营、宝藏小城慢悠悠等主题。

图 4　主题海报

　　区别于传统常规旅游线路产品，飞猪"奇妙之旅"试图以专题、专栏、专业团队打造的形式，为小众目的地聚人气，为当地的中小商家、特色商家带流量，也让小众旅游产品得到更多崭露头角的机会，实现小众产品与精准客群的高效连接。聚合小众目的地小众玩法的高体验产品，进行整体打包的内容分发。该栏目会根据不同的时令、主题玩法和人群需求，每周三更新一次，深入挖掘目的地的个性化资源和新奇玩法，通过旅拍大片、图文游记、深度游视频等形式，综合展现目的地的魅力。邀请旅行达人和网红分享契合年轻人出游诉求与偏好的各种玩法、景点拍照攻略等，深耕内容多元种草。

　　在活动宣传中，飞猪旅行布局开机屏、首页、目的地、会员等平台全链路优质资源，进行专题强引流，同时联合飞猪公众号、知名自媒体等社交媒体实现活动广扩散，充分提升"奇妙目的地"的关注热度。

　　飞猪会整合平台旅行资源，在专题页内推荐新潮玩法，集合"花式玩法＋特色出游"，同时从产品设计、产品表达、产品审美、交付质量等多维度优选商家，配合后链路特色旅游产品供给，实现从种草到下单的闭环。每期会选择小众目的地部分产品作为主推，并通过美图、美文、美照进行主题展示，为游客提供多种特色旅行方案。

　　随着各个专辑的不断推出，"奇妙旅行"陈列柜也在不断丰富，推荐不同主题产品和服务领域的优质服务商，实现产品交易和品牌曝光的双重利好。

　　（案例来源：飞猪旅行）

　　独具体验感的产品和服务，成为旅游企业产品研发的核心要素。当人类进入体验经济时代，"追求自我""彰显个性"成为关键词。利用"体验"在产品的每个接触点上与游客紧密联系，让游客在独特的体验中获得精神上的满足，并与企业产生互动从而建立忠诚度是当前所有旅游企业研发产品时所应遵循的准则。如今的年轻人，尤其是 Z 世代，是伴随着互联网发展的独特群体，他们对旅游产品的认知颠覆了过去的思维模式、审美喜好以及消费需求，他们关注生活体验、重视产品品质、渴望社交，更易受到圈层影响，且不再愿意为程式化的旅游产品买单，而是希望能够主动地参与产品的设计和生产的全过程，追求产品与自我互动。

　　以"旅行＋社交"为产品核心的旅行服务商游侠客，将拥有共同兴趣爱好的年轻客户聚集起来，通过打造摄影游、户外游、亲子游、瑜伽游等众多旅游产品，将游客碎片化、个性化的需求整合在独具体验感的产品和服务中，创建了全新的出游方式和体验。专注于川藏旅游的思鹿旅行在产品的研发上始终在寻求触动消费者内在的情感和情绪的切入点，深入挖掘内容元素，研发独具亮点且有情怀的创新产品。以"九寨沟产品"为例，思鹿旅行定位于 10 人小团，在保留了核心景点的情况下，植入了藏文化元素，形成了以藏香制作和手抄地道藏式经文为主的藏文化体验项目；为了让游客真正体验藏地生活，思鹿旅行找到了一个小众秘境，在那里游客可以和藏族同胞过林卡，和当地人一起转经祈福，还能看到当地比较少见的"水转经的画面"。尽管这款产品在疫情之下没有得到充分的市场验证，但随着未来旅游者从拍照打卡式的旅行到对沉浸式品质产品的需求日趋强烈，差异化、精细化、高颜值且体验感强的产品会具备更可观的市场潜力和规模。

市场倒逼，观念升级，产品正成为一个独立的部门。早期的旅游企业没有专门的产品部门，也没有产品经理这个原本属于互联网行业的职位。对于那时候的旅游企业，如旅行社来说，计调就是其核心竞争力，在那个信息不对称的年代，旅行社只需要将自己的优势资源组合成产品，再打包销售给游客，就能获得巨大的利润。随着互联网和新媒体时代的到来，旅游边界的打开，销售渠道的变化，内容平台以及直播带货的兴起，曾经的旅行社依靠信息不对称、利用自身优势的资源和渠道就能轻松赚钱的日子不复存在。在旅游需求纷繁复杂的当下，精准捕捉游客需求，实现产品差异化，并快速占据用户的流量成了当前旅游企业的核心竞争力。"产品至上""体验为王"成为众多旅游企业的发展理念。产品部应运而生，产品经理这个岗位也逐渐被细化出来。在行业内卷和疫情反复的双重影响之下，很多旅游企业都纷纷设立产品部这一独立部门，或增设产品经理的职位来弥补产品创新能力和技术能力的匮乏，摆脱产品迭代的无力感。

旅游企业的产品部主要负责产品本身，对产品进行市场化的解读，确定产品定位，制定产品策略，进行产品研发和定价，并同时参与到企业其他部门，方便企业进行决策；而产品经理则是旅游企业所有问题的解读者，洞察需求是其最重要的能力。身为产品经理的马蒂·卡根（Marty Cagan）在他的著作《启示录：打造用户喜爱的产品》中指出："产品管理关乎的是洞察力和判断力，这两者都需要敏锐的头脑""成为产品经理的第一步是要了解该干什么，不该干什么"；梅丽莎·佩里（Melissa Perri）则在《卓越产品管理：产品经理如何打造客户真正需要的产品》中提出："产品经理必须要避免开发出任何人都不需要的东西。"春秋旅游的产品经理要具有非常强的学习能力和非常强的市场敏锐度，在做"城市微旅游"线路的时候，产品经理要跟着导游一遍遍地去实地考察，探索线路的研发和产品的呈现。以日游类产品为主的旅行服务商 bikego 对其产品经理有着独特的见解。不同于很多喜欢用当地人做产品的同行，bikego 要求其产品经理从大城市人群的消费视角出发来理解客户的需求，懂大城市游客之所想，之后再结合当地人提供的素材，做出符合城市人群需求的产品，同时，其产品经理也参与到文案写作和短期推广的内容中。

思鹿旅行不断提升产品研发能力，对其产品部和产品经理进行了明确的定位和职能分工。第一，设置强有力的产品部门。在新媒体爆发的时代背景下，旅游消费者需求也在不停地发生改变，敏锐地捕捉消费者需求变化，快速迭代产品，都需要通过一个专属部门，多维度统计核心产品线数据，增强产品的核心竞争力，给企业带来正确的产品决策。第二，明确产品部门的职责。即把握市场动态，制定相对应的产品策略，及时分析自我产品的优劣势，提供个性化、差异化和有市场竞争力的产品和服务；针对各季度不同目的地的产品，做出不同的产品规划，同时针对市场反馈的数据，对产品相关内容套餐详情页等及时进行迭代，以保证产品活力和产品竞争优势；及时跟踪产品研发过程，把控产品质量，从产品上线准备中、设计过程中、销售过程中以及产品推广、产品成熟期各个阶段把控好产品的内容和质量；规划好产品套餐组合以及价格定位，针对市场上不同的消费人群，不断丰富产品套餐组合，包括线路内容、玩乐体验以及住宿等级等，并针对价格敏感程度不同的消费者，对每个产品以及不同套餐做出不同的价格定位，以应对更全面的人群；运用数据衡量产品市场反应，对不同的出行数据、预订数据以及售后数据、地接数据等做出判断，及时调整产品内容，对诊断决策是否失误提供依据。最后，明确产品经理的职能。即配合总经理对公司产品规划进行合理的布局以及推进节奏的把控；根据阶段性的产品数据分析产品问题所在，并且及时给出解决办法；掌握公司所有目的地产品，以及产品相关工作的落地执行；关注行业的市场和发展状况，研究竞争对手的产品，确保自身产品适应不断变化的市场需求；协调好产品相关工作与其他部门的跨部门沟通事务，及时向上级汇报公司产品工作的进度以及进行产品重大变更的沟通；保持与资源方和合作商的业务沟通，维护和地接的关系，筛选出适合自身售卖的产品；在产品视觉展现上，需要有自己的见解，保持产品设计有竞争优势和美观性；根据各部门反馈的问题，分析产品问题，通过信息对产品变更做出判断。

（案例来源：思鹿旅行）

二、产品创新需要流程重构和企业再造

任何产品的开发都不是孤立存在的，一个有市场竞争力的产品，除了在产品上的精心打磨，更是形成了包括渠道、运营、技术、组织架构、人力资源等一整套系统的联动格局，才能在市场上占据优势，抢占先机。很多时候，为了实现产品的创新，企业需要进行流程的重构和企业组织结构的调整。真正将客户的需求置于核心位置，在这样的理念下产品创新的背后可能意味着企业的再造。如同 2022 年飞猪开启了新一轮组织结构调整，向重服务、重履约的方向去发展，不断将自身习惯的电商逻辑与旅游的产品服务特性相结合来调整自身的发展战略与布局。

旅游产品不是实物商品，而是包含全程旅游活动所提供的各种产品和服务的组合。当一家旅行服务商研发出产品并提供给消费者，游客就会按照所设计的产品线路前往一个旅游目的地展开旅游活动，旅游过程中的服务、提供服务的设备设施，乃至整个过程中的旅游经历，都属于旅游产品的范畴。因此，旅游产品的开发要置于企业全流程管理中，需要考虑到各种相关因素的影响，包括用户需求、商业需求、资源开发、竞争对手、供应链、市场运营，甚至还会受到内部企业文化、组织结构、人力资源等诸多因素的影响。因此，现代化旅游产品的研发，就不能只关注产品自身，还应结合与之相关的各方因素加以系统性的研判。

游侠客旅行是我国第一家针对旅行者的"社交网络＋旅行"的电子商务平台，其独特的产品服务和运营模式，使之成为疫情之下少数能够化危为机的旅行服务商。深耕主题旅行的各个细分品类，游侠客为不同群组设计开发了包括户外运动、摄影旅拍、瑜伽静修、休闲度假、亲子研学、深度人文、体育赛事等覆盖面广的多个主题的旅游产品；疫情之下，基于宠物旅行、高端饮食、房车旅行，可持续生态旅行等品类，游侠客又做了专门的品牌以及垂直化的团队产品运营和用户的运营。通过"主题"，游侠客将拥有共同兴趣爱好的"跟团

游"用户聚焦起来，以"旅行＋交友"的模式，在跟团游和自助游之间创建了全新的出游方式。

　　精心打造独具特色的、有市场竞争力的旅游产品是游侠客成功的重要因素。游侠客在产品的开发上，第一，进行充分的市场调研，通过旅游大数据的分析和旅游出行数据的挖掘分析，确定产品的定位和开发。同时产品部以及产品经理及时跟进，根据掌握的第一手资料进行产品创意和设计，开发相关产品和服务。游侠客平台上的产品，90%以上为团队的原创策划。第二，需求导向、精准定位。针对疫情之下消费者小团化出游和自驾游火爆的新趋势，游客出行半径大都缩短至省内游、市内游、本地游的现状，游侠客组合多种产品，从大巴团到小车团，从定制游到家庭游、户外游、野奢露营、骑行越野、健康出行方式等，围绕主题旅行研发了"向野房车"等个性化体验的品牌，带给大家自由、美学、灵感、即兴的新生活方式。第三，主题游产品标准化设计。从一开始产品的创意和研发阶段，游侠客就十分重视细化产品标准和产品的标准化设计，整合产品的标准化设计流程，以提高可复制性，迅速形成产品矩阵，形成产品标准要素，保持产品调性，确保产品把控能力。第四，打造主题旅游产品IP，制订完善的品牌运营计划。以旗下高端"野奢帮"为例，根据品牌定位与产品定位进行视觉VI（视觉识别系统）设计，形成极具吸引力的整体视觉设计效果，并制订项目品牌运营计划，包括项目进度管理、整体布局、统筹安排，以提高效率。第五，内容铺设，精准营销。游侠客将主题旅游定义为"旅行＋圈层＋跨界"，认为主题游的核心在于社交，通过游侠客遇见、视频、攻略、社区、公众号以及目的地系统为用户提供丰富的PGC（专业生产内容）和UGC（用户生产内容）信息，打造出完善的旅游社区生态体系。

　　（案例来源：游侠客旅行）

　　思鹿旅行将产品研发置于公司运营管理的全过程中，首先在公司内部设立了产品部：专门负责产品的市场调研和产品的开发。同时积极运用自媒体、新媒体等手段，给客户对新产品进行种草，培育潜在客户和消费者，使之成为未来的消费群体。公司运营部围绕产品开发，通过渠道曝光产品，使种草的用户能快速找到对应的产品。公司销售部承接好所有渠道的流量咨询并实现转化，成为公司新的消费群体。公司计调部＋导游＋司机主要保证好产品的服务落地，让游客在旅途中能主动分享旅行体验。思鹿旅行在产品的开发和应用落地上，十分重视营销和渠道的建设，在营销上，首先及时做好目的地的提前种草，让消费者在消费决策前就能认知到产品中植入的卖点是一个非常值得的体验。在渠道上，针对产品的人群属性，做好对应渠道的全覆盖，让消费者想找此类产品的时候就能轻松地找到。在流量运营上，把握好品牌、电商渠道、新媒体渠道的综合体系，搭建好流量漏斗模型。

三、培育企业服务市场，持续拓展旅行服务业创新空间

为行业赋能的企业级服务最早出现于欧美国家。19世纪末的欧美正在经历着社会的大变迁，现代新型企业的发展使得他们必须要着重解决经营管理中的一些基本问题。进入21世纪以来，西方企业级服务模式、形态等发生了较大变化。服务方式的不断改进，服务质量的不断提高，企业和第三方服务机构不再仅仅提供咨询服务，而是常常协助客户制定实施方案和提出建议，世界级旅游企业和知名公司都拥有自己长期合作的第三方服务公司或机构。

近年来，为中国旅游行业提供服务的企业和机构有了较快的发展，服务规模和业务领域不断拓展，从过去简单的旅游信息咨询服务转向多领域、多层面的服务，逐步涵盖了旅游管理咨询、旅游人员培训、旅游项目策划、旅游产品设计、旅游产品营销、旅游数字化建设等多个方面的内容。但与我国旅游业飞速发展的现状相比，为行业赋能的企业级服务公司和机构在发展规模、服务效率和质量等方面与世界领先水平仍存在不少差距。尤其在旅游业充分竞争的市场条件下，行业利润率的不断拉低，一些进入这一赛道的企业和机构已经退出或正在转型，仍坚持在这一赛道的企业和机构，由于疫情影响，经营维艰，亟待调整和变革。面对疫情之下旅游业发展的实际状况，为行业赋能的企业级服务公司和机构要及时调整发展定位，针对旅游企业和旅游市场的发展变化，注重"专""特""新"，走专业化、特色化、创新型的发展道路。

孤独游塾旅行学院是国内领先的旅游行业垂类培训机构，专注于旅行垂类体系教育，用新旅行的力量赋能行业。课程研发团队和讲师在旅游业有多年的实战经验，在各自领域都有成功的"作品"展现，并萃取沉淀出适用于整个行业的方法论。面对后疫情时代下新旅行消费升级的背景，从实战角度切入，结合师资班底自身在旅游业的经验，研发系统课程。通过独立优秀的执行案例，

总结沉淀为系统性思考，赋能行业，树立旅行垂类的体系教育标杆，以效果为本，成为扎实的行业育人机构。

针对旅游行业培训服务普遍存在的"太碎片，不系统；纯案例，不沉淀"等实际状况，孤独游塾旅行学院将强大的实战经验和市场变化及时融入课程中，进行教学培训。"不照搬行业认知，只传授实战系统"。新旅游 5 段进阶之路、全链条培训共 5 门课，每门课授课时间均为 3 天。

孤独游塾旅行学院针对小包团越来越多，面对"导"的职能会给旅游司机原有职业更高的溢价、更广的市场接受度的现状，为优秀旅游司机设计了转型之路《司导实训》课程。通过培训，了解优秀司导能力的组成框架；理解旅游客户与服务的本质；拓展司导能给游客带来超越期待的能力，如产品解读、美学传达等。旅游公司中计调、司导负责人也可通过此课程，了解如何系统性地让终端的司导人员执行产品链最后的服务。

此外，孤独游塾旅行学院为在一线带团的导游、户外领队、旅行社导游管理人员、旅游管理相关专业学生等提供培训服务，开设从 60 分到 90 分＋的"导游进阶"课程。还有突破增长瓶颈的第二曲线"流量密码"课程，通过培训使旅行社全面、准确地了解旅游业在自媒体的流量运营机制、原理，并使产品在线上获得更多的关注、咨询和转化，开辟自媒体渠道来打破增长瓶颈。还有重新定义旅行体验设计的"旅行产品"课程，不论是组团社还是地接社，对路线、产品、游客体验负责的产品设计师和业务管理层都可掌握提升游客体验的原理与具体方法，着眼于线路和产品的区别，如何做需求匹配、产品定位、元素挖掘、结构打造、亮点呈现、活动设计等话题，将传统线路的体验真正往上拔高一个层次。以及旅行公司的高阶段位"品牌运营"课程等，从公司全阶段运营层面有效提升产品质感、拿下大客户订单、提高员工自信、完成企业顶层设计等。

孤独游塾旅行学院未来的发展方向是成为"行业智库"，启迪从业者重新链接旅游行业，找到定位，影响大家学会如何思考而不只是如何做；整合行业资源，组团社与地接社共同成长，形成"流量—产品—领队（导游）—品牌"环环相扣，相互促进共同发展；推动"司导"职业进入中国职业大典，孤独游塾旅行学院的"司导实训"作为可能是行业首创的系统性课程，搭建优秀司导的能力框架，帮助司导提升理念与能力。

（案例来源：孤独游塾旅行学院）

　　未来企业级的服务将基于"需求导向—机构支撑—专业服务"的模式为行业赋能。随着旅游行业市场的日益成熟，消费者对旅游品质提出更高的要求，为行业赋能就需要满足消费者需求，打破同质化，提供个性化、定制化的产品和服务，并通过多形式的分享方式、多样化的体验方式为行业赋能。而专业化水平和专业化能力将成为为行业赋能的企业及机构的生存法则，不求"全"而求"精"、求"专"，是为行业提供服务的企业和机构生存发展的必由之路。

　　马蜂窝是中国著名的在线旅游综合性平台，疫情之下紧跟市场变化，深耕旅游产业互联网，从为平台商家和创作者赋能，升级为向整个旅游产业赋能。面对中国旅游市场发生的深刻变化，以短途、高频、小众、深度体验为主流的消费模式，以短视频、直播到私域、社群运营等新媒体、自媒体为主的营销方式，使得旅游企业面临新的痛点，亟须转型发展。针对这一变化了的市场形势和旅游行业存在的痛点，马蜂窝从以下方面为行业赋能。

　　人才迭代赋能。马蜂窝早在2016年就建立"马蜂窝大学"平台赋能体系，为行业合作伙伴提供线上线下的培训课程。疫情前主要围绕在线店铺运营、内容创作、线上营销、客户服务等领域，更多还是基于平台自身发展需求。疫情后针对整个旅游产业人才转型痛点，将"马蜂窝大学"更名为"行业赋能中心"，打开格局，深入整个产业链为各种机构赋能。参与诸如旅游定制师、研学旅行指导师、旅游电子商务师、旅行管家等新型人才的行业标准起草和人才测评工作。同时组织各类专家大力开发新旅游课程，主要分为三大类型：第一类为提升认知型，如"旅游全产业解析、旅游新业态解读、网红景区打造方略、传统旅游人如何建立互联网思维"等，帮助从业者从底层思维上进行新旧赛道的切换，认清新旅游时代特征。第二类是快捷实用型，如"旅游线上营销模式及技巧、主题游产品打造方法、自驾游产品的运营方法、旅游短视频创作技巧、旅游产品形象包装技巧、社群运营技巧"等，通过对经典模式和案例中技巧的归纳总结，帮助从业者现学现用，快速套用方法论取得成效，增强信心提升学习积极性。第三类就是职业成长型，如"旅游电子商务师实战、旅游定制师实战、民宿店长及管家实战、营地营长及管家实战"等，通过一整套体系化课程加实操演练，帮助从业者或院校师生培养扎实的新职业技能，先后服务了多家省（市）级文旅厅，大量旅游集团和景区、酒店、民宿等旅游机构。另外，马蜂窝还与北京第二外国语学院旅游科学学院、贵州师范大学国际旅游文化学院等院校开展文旅创新产教融合项目合作，为学生提供深入新旅游岗位实践学习的机会，帮企业储备面向未来的实用型人才。

数据资产赋能。马蜂窝旅游基于十余年的原创内容积累以及服务全球客户的丰富经验，自主搭建了"北极星旅游大数据服务系统"，并在 2017 年就与中国旅游研究院合作成立了"自由行大数据联合实验室"。通过大数据和新的技术手段为消费者提供更高品质的服务，为产业链上下游提升运营效率、降低成本。2020 年疫情后，中国旅游研究院发布旅游业线上资产测评方法和体系——"在线旅游资产指数"（Travel Property Index，以下简称 TPI）。依托中国旅游研究院的学术成果和在线旅游平台的大数据优势，对目的地、景区等旅游经营主体的线上资产进行评估，为旅游业的线上化、数据化和智能化提供具有学术指导和应用价值的行业标准。

马蜂窝作为"在线旅游资产指数"的共建单位，已率先将 TPI 应用于产业实践中。通过与国内外旅游局、景区景点的合作，不断优化数据系统，为 TPI 在行业内的普及提供实战经验。该系统通过消费者在行前、行中和行后的阅读、分享、评论、购买等行为数据，对各大旅游目的地、景区景点等旅游经营主体进行综合评价，对其内容资产规模、内容传播强度、互动活跃度、口碑舆论态度、实时交易热度等进行综合评分。通过 TPI 综合值的分析和总结，帮助文旅主管机构和企业提升线上运营能力，给出整套智慧营销方案，实现其线上资产的可积累、可衡量和可增值。

产品创新赋能。疫情防控常态化下，游客的旅行方式发生了根本性的变化，基于兴趣和社交的玩乐体验更受欢迎，游客的旅行次数不降反增，这种高频的"微旅游"已成为年轻群体和新中产的新需求。马蜂窝洞察到这一需求，通过"周末请上车"品牌以及丰富多彩的同城社区活动，在熟悉的城市空间中创造全新的体验场景，用基于本地的潮流活动、新鲜玩法，满足都市年轻人追求个性、纾解压力、兴趣社交等对于旅行的全新需求。

这种创新又特别的本地玩乐产品成了旅游市场在困境中发现的全新增长点，蕴含着巨大的市场潜力。同时传统旅游企业为了应对市场竞争，需要找到更多新型服务商合作，开发出个性化、创新型的产品来提升企业发展能力，但要跨地区一家家挖掘、识别和评估却存在一定困难。马蜂窝作为平台型企业，通过"周末请上车"这一品牌，在一年多的时间里，与这些新型服务商合作开展了上百场活动，在多个城市进行了验证，对服务商的交付能力、用户的运营、场景的适配、形象的设计、团队的磨合、风险的把控等方面有了充分的评估。同时利用自身强大的技术能力为服务商提供数字化赋能，帮助其降低成本、提升效率，并通过适度标准化提高交付能力。现已在多个目的地与多类型旅游企业展开了共建试点，未来将为更多的传统旅游企业进行产品创新赋能。

（案例来源：马蜂窝）

如同斯密·杨格定理指出的那样："分工受制于市场的广狭，又促进市场范围的扩大"，在文化和旅游产业发展进程中得到了充分印证。产业边界的拓展与分工深化是相互影响、相互作用的，产业链条在得到丰富和韧性的同时，其管理难度、成本与风险也在放大。搞得不好会形成低水平重复的"路径锁定"和"资源诅咒"，后发优势无法从理论的可能走向现实的可能。行业发展的总体水平决定了旅游领域的企业服务市场的发育，而企业服务市场的发育又进一步影响着行业的发展水平。如何能够将其导入正反馈的生态循环中，还需要诸多热爱这个行业、愿意为行业贡献智慧的优秀从业者的共同努力。

相信这一天终将到来。

责任编辑：张　旭　张政珉
责任印制：冯冬青
封面设计：旅教文化

图书在版编目（ＣＩＰ）数据

中国旅行服务业发展报告．2022：直面需求的产品
力 / 中国旅游研究院编著． -- 北京：中国旅游出版社，
2022.11

ISBN 978-7-5032-7055-0

Ⅰ．①中… Ⅱ．①中… Ⅲ．①旅游服务－产业发展－
研究报告－中国－2022 Ⅳ．①F592.6

中国版本图书馆CIP数据核字(2022)第206899号

书　　名：中国旅行服务业发展报告.2022：直面需求的产品力

作　　者：中国旅游研究院　编著
出版发行：中国旅游出版社
　　　　　（北京静安东里6号　邮编：100028）
　　　　　http://www.cttp.net.cn　E-mail:cttp@mct.gov.cn
　　　　　营销中心电话：010-57377108，010-57377109
　　　　　读者服务部电话：010-57377151
排　　版：北京旅教文化传播有限公司
经　　销：全国各地新华书店
印　　刷：三河市灵山芝兰印刷有限公司
版　　次：2022年11月第1版　2022年11月第1次印刷
开　　本：787毫米×1092毫米　1/16
印　　张：5.5
字　　数：83千
定　　价：66.00元
ＩＳＢＮ　978-7-5032-7055-0